疲れを残さず、強いカラダを作る！
スポーツする人のための
リカバリーごはん

「今よりもっと!」をかなえるのは食事です。

今、スポーツをしているあなたが目指しているものは何ですか？「うまくなりたい」「強くなりたい」「体力をつけたい」など、目的はそれぞれかもしれませんが、思いはみんな「今よりもっと！」ですよね。それをかなえるためには、日々のトレーニングが必要ですが、運動後のリカバリーも同じくらい大切。その一つが食事です。せっかくトレーニングをしても、食事がおろそかだと目指す場所にたどり着くことができません。では、どんな食事をすればいいのでしょうか。

じつは、
おにぎりは最強の
リカバリーごはんです。

<u>ここでハッキリいいましょう。「運動後のおにぎりは、最強のアスリートフードです！」</u>。スポーツする人のための食事というと、なんだか難しく考えがちですが、献立や栄養について詳しく学ぶ必要はありません。何を食べたらいいのかわからない人は、まずは、「運動後のおにぎり1個」から始めましょう。だまされたと思って続けてみてください。いつの間にか疲労回復がスムーズになったり、筋肉がつきやすくなったりするなど、体が変わるのを実感するはず。これから、その理由をじっくり解説していきます。

contents

「今よりもっと！」
をかなえるのは食事です。 ── 2

じつは、おにぎりは
最強のリカバリーごはんです。 ── 4

第1章

リカバリーごはんとは？ ── 9

chapter 1
なぜ食事が大切なの？ ── 10

運動後の筋肉はこうなっています。 ── 12
そこで、必要なのがリカバリーごはんです！ ── 14
リカバリーを効率よくするためのポイント ── 16

chapter 2
リカバリーに最適なのはおにぎりです！ ── 18

ラップで簡単！ おにぎりをおいしく作る ── 20
　梅干しおにぎり ── 20
リカバリーにおすすめ おにぎりバリエ ── 22
　コーン枝豆おにぎり ── 22
　チーズおかかおにぎり ── 22
　梅じゃこおにぎり ── 23
　いなりずし ── 23
おにぎりＱ＆Ａ ── 24

chapter 3
リカバリー力をグンと高める献立のルール ── 26

　ごはん ── 28
　おかず ── 30
　野菜 ── 32
　乳製品 ── 34
　果物 ── 35

chapter 4
１日の献立の組み合わせモデル ── 36

　朝食 ── 36
　昼食 ── 38
　夕食 ── 40
　補食 ── 42
食事量はどう決める？ ── 44

Column 1
リカバリーには休養も大事！ ── 46

リカバリーごはん〇×クイズ　Part I ── 47
リカバリーごはん〇×クイズ　Part I 答え ── 48

第2章

リカバリーのための簡単レシピ ——— 49

chapter 1
疲れをとりたい ——— 50

- 豚ねぎ丼の温玉のせ ——— 52
- サケと納豆の和風スパゲティ ——— 54
- サラダチキンと枝豆のサラダ ——— 55
- 豆腐と豚肉のごまポン酢だれ ——— 56
- アジとほうれん草の納豆あえ ——— 57
- 枝豆のポタージュ ——— 58
- バナナきなこラッシー ——— 59

chapter 2
スタミナをつけたい ——— 60

- 牛しゃぶと焼き豆腐のスタミナうどん ——— 62
- 牛肉とかぼちゃの焼きサラダ ——— 64
- ラムのスパイシー焼き ——— 65
- イワシと豆腐、里芋の梅煮 ——— 66
- マグロのキムチ納豆 ——— 67
- 納豆もち ——— 68
- ほうれん草とハムのチーズホットサンド ——— 69

chapter 3
筋肉を増やしたい ——— 70

- チーズタッカルビ ——— 72
- ごまアジ丼 ——— 74
- チキンと大豆のクリームリゾット ——— 75
- サーモンキャベツサンド ——— 76
- 鶏ひき肉のあえ麺 ——— 77
- 豚肉とじゃが芋の重ね煮 ——— 78
- サケとかぼちゃのホイル焼き ——— 79

chapter 4
骨を強くしたい ——— 80

- ひじきと小松菜のじゃこいため ——— 82
- じゃこカプレーゼ ——— 84
- シシャモのスティック春巻き ——— 85
- 小松菜とベーコンの中華風ミルク煮 ——— 86
- 切り干し大根と桜エビのいためサラダ ——— 87
- シラス納豆のきつね焼き ——— 88
- サバの海藻蒸し ——— 89

chapter 5
貧血を予防したい ——— 90

- 牛肉とほうれん草のチーズソテー ——— 92
- ブロッコリーの牛ひき肉いため ——— 94
- 牛ひき肉と大豆のドライカレー ——— 95
- カツオのたたき パセリレモンソース ——— 96
- アサリと小松菜の卵とじ ——— 97
- ブロッコリーとツナの納豆あえ ——— 98
- さつま芋とプルーンのオレンジ煮 ——— 99

chapter 6
あると便利な野菜の作り置きメニュー ——— 100

- パプリカとピーマンのおかかいため ——— 100
- マッシュかぼちゃ ——— 101
- ひじきとオクラのサケフレークあえ ——— 101
- にんじんとツナの蒸し煮 ——— 102
- 簡単ピクルス ——— 102
- 野菜スープの素 ——— 103

Column 2
トップアスリートは朝からしっかり食べている！ —— 104

リカバリーごはん〇×クイズ　Part2　　105
リカバリーごはん〇×クイズ　Part2（答え）　　106

第3章

正しく理解しよう！スポーツ栄養の気になるトピックス —— 107

【 体重コントロール 】
体重を減らすときに気をつけることは？ ── 108
体重を増やすときに気をつけることは？ ── 109

【 筋肉量アップ 】
ごはんを抜いてたんぱく質を増やすとどうなる？ ── 110
スポーツする人にプロテインは必要？　111

【 クエン酸とアミノ酸について 】
クエン酸は疲労を回復しない!?　　112
アミノ酸サプリメントの効果は？ ── 113

【 水分補給 】
スポーツドリンクと水、どっちをとるべき？ ── 114
ジュースで水分補給はダメ？ ── 115

【 野菜の役割 】
なぜ野菜を食べなきゃいけないの？ ── 116
青汁や野菜ジュースで代用できる？ ── 117

【 おやつとお酒について 】
小腹が空いたとき、間食をしてもいい？ ── 118
たまにはお酒を飲んでも問題ない？ ── 119

【 ジュニア期の食事 】
子どもの食が細いときはどうすればいい？ ── 120
親ができることは？ ── 121

【 試合時の食事 】
試合前は何を食べたらいい？ ── 122

【 外食＆コンビニの利用法 】
外食でのメニューの選び方は？ ── 124
コンビニのごはんはどう選べばいい？ ── 125

材料別さくいん ── 126
おわりに ── 127

＜この本の使い方＞
・1カップは200ml、大さじ1は15ml、小さじ1は5mlです。
・レシピの分量は、基本的に正味重量（下処理したあとの口に入る重さ）で示しています。
・電子レンジは機種によって加熱具合に差があります。様子を見ながら時間を加減してください。

第1章

リカバリーごはんとは？

スポーツする人に必要なのは、しっかりと動ける体です。強い体は日々のトレーニングによって作られますが、それと同じくらい大切なのが食事。「好きなものを食べればいいじゃない」と思う人もいるかもしれませんが、ちょっとの意識改革で体が変わるとしたら、試してみたくありませんか？　栄養のことを知らなくても、すぐに実践できますよ！

chapter 1

なぜ食事が大切なの？

answer

スポーツの原動力は食べ物だからです！

運動するときには、速く走ったり、高く跳んだり、長く泳いだりするために、いつも以上に筋肉を使います。その筋肉を作り、動かしているのが食べ物です。食べた物は体の中で消化され、筋肉やエネルギーとして作り変えられます。スポーツする人であれば誰であろうと、毎日の食事が大切なのです。

第1章　chapter 1　なぜ食事が大切なの？

運動後の筋肉は
こうなっています。

運動後、筋肉痛になったり疲れたりするのは、頑張って筋肉を動かした証拠です。
このとき、筋肉はどのような状態になっているのか見てみましょう。

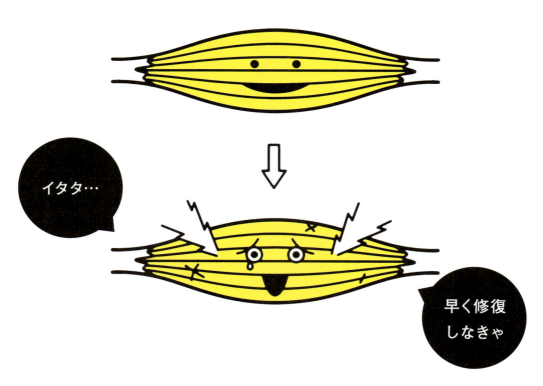

筋力アップのために筋トレをすると、筋肉は強い刺激を受け、あちこちが傷ついて筋肉痛になります。

第1章 chapter 1 なぜ食事が大切なの？

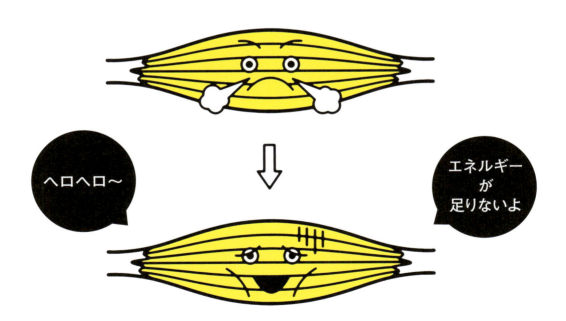

持久力アップのためにランニングをすると、筋肉中のエネルギー源（グリコーゲン）が使われて、筋肉を動かすパワーが落ちてしまいます。

そこで、必要なのが リカバリーごはんです!

運動によって傷ついた筋肉に必要なのは、回復をサポートするための食事。それが「リカバリーごはん」です。傷ついた筋肉は、再び強い刺激を受けても耐えられるように修復されます。このときに必要なのが、おもにたんぱく質です。

また、持久的な運動をした後、失ったグリコーゲンを補給するためには、炭水化物が必要です。リカバリーのためにしっかり食べる人と食べない人では、回復力に大きな差がつきます。

第1章　chapter 1　なぜ食事が大切なの？

リカバリーごはんを食べると

食べた人

今日も絶好調！

筋肉痛や体の疲れがすぐにとれ、次の練習もしっかりできる！

食べない人

走れない〜

いつまでたっても疲れが抜けず、まったく練習にならない。

第1章　chapter 1　なぜ食事が大切なの？

リカバリーを効率よくするためのポイント

スムーズにリカバリーするためには、いくつかのポイントがあります。
この4つを意識するだけでも、回復力がアップするはずです！

なるべく早く補給する

運動後は、とにかくできるだけ早くお菓子ではなく、食事の一部になるものをとりましょう。家に帰るまでに時間がかかる人は、トレーニングが終わったらおにぎり1個でも食べることを心がけて。

すぐに食べるなら

おにぎり、ハムサンド、バナナ など

炭水化物をとる

体を動かすエネルギー源となる炭水化物は、何よりも大切な栄養素。しっかり補給すれば、「疲れがとれない」「パフォーマンスが上がらない」などの悩みがなくなります。

炭水化物が多いもの

ごはん、パン、うどん、パスタ、芋 など

たんぱく質をとる

筋肉の修復にはたんぱく質が必要です。さらに、運動で筋肉が刺激されると成長ホルモンが分泌されるため、そのタイミングでたんぱく質をとると、筋肉作りに役立ちます。

たんぱく質が多いもの

肉、魚、卵、大豆製品、牛乳 など

水分をとる

汗をかいて失った水分は運動中に補給するのがベストですが、その量が十分でない場合は、運動後にとる必要があります。脱水症状は日々の水分不足が引き起こすこともあるので、特に夏場はこまめに水分補給しましょう。

chapter 2

<u>リカバリーに最適なのはおにぎりです！</u>

運動後のリカバリーに今すぐ取り入れて欲しいもの。
それは「おにぎり」です！ おにぎりが最適な理由と、
おにぎりの作り方やバリエーションをご紹介します。

おにぎりがリカバリーに最適な理由はいくつかあります。まず、ごはんには炭水化物が多く含まれています。これはエネルギー補給に重要な栄養素です。また、筋肉の修復に欠かせないたんぱく質が含まれているのも、注目すべきところ。大きめの茶碗に大盛1杯（約250ｇ）のごはんに、卵1個分のたんぱく質（約6ｇ）が含まれています。さらに、おにぎりに使用する塩分は、汗によって失われた塩分の補給にもなります。具材のバリエーションも多く、毎日食べても飽きないことや、コンビニで買えてパクッと食べられることもメリットです。

＜ 最強アスリートフード おにぎり徹底解剖！ ＞

炭水化物
ごはんは腹持ちがよく、エネルギー補給に最適！

たんぱく質
筋肉の修復に欠かせない栄養素

バリエーション
具の種類が多く、毎日でも飽きない

塩分
汗で失われた塩分を補給できる

手に入れやすさ
すぐに作れる。コンビニでも買える

食べやすさ
手でパクッと食べられる

第1章 chapter 2 リカバリーに最適なのはおにぎりです！

ラップで簡単！
おにぎりをおいしく作る

おにぎりの王道といえばこれ！

梅干しおにぎり

1 ラップを広げ、一カ所に固まらないように塩をふる。

2 ごはん2/3量を真ん中にのせる。

第1章　chapter 2　リカバリーに最適なのはおにぎりです！

材料（1個分）

ごはん …… 100g
梅干し …… 1個
塩 …… 少量
のり …… 適量

DATA

栄養価（1個分）
エネルギー 170kcal
たんぱく質 2.7g
脂質 0.3g
炭水化物 37.6g
カルシウム 6mg
鉄 0.2mg
塩分 0.8g

3 真ん中をくぼませ、梅干しをギュッと入れる。

4 具をおおうように残りのごはんをのせる。

5 ラップの四隅を真ん中で合わせ、ごはんを包み込む。

6 三角形に握る。ラップをはずし、のりを巻いたら完成！

リカバリーにおすすめ
おにぎりバリエ

コーン枝豆おにぎり

枝豆でたんぱく質を補給。
カラフルで
食感も楽しめる。

材料（1個分）と作り方

ごはん100gにコーン・枝豆各20gを混ぜる。塩少量をふったラップにのせ、好みの形に握る。

DATA

栄養価（1個分）
エネルギー 216kcal
たんぱく質 5.6g
脂質 1.9g
炭水化物 42.8g
カルシウム 18㎎
鉄 0.7㎎
塩分 0.2g

チーズおかかおにぎり

たんぱく質が
豊富なチーズ入り。
削りガツオのうまみが魅力。

材料（1個分）と作り方

ごはん100gにプロセスチーズ（1㎝角に切る）30g、削りガツオ1パック（2g）、しょうゆ小さじ1を混ぜる。ラップにのせ、好みの形に握り、のりを巻く。

DATA

栄養価（1個分）
エネルギー 281kcal
たんぱく質 11.3g
脂質 8.2g
炭水化物 38.1g
カルシウム 195㎎
鉄 0.4㎎
塩分 1.7g

第1章　chapter 2　リカバリーに最適なのはおにぎりです！

梅じゃこおにぎり

梅干しのクエン酸で
食欲アップ。
塩分も補給できます。

材料（1個分）と作り方

ごはん100gに、刻んだ梅干し1個分、ちりめんじゃこ大さじ1を混ぜる。ラップにのせ、好みの形に握る。

DATA

栄養価（1個分）
エネルギー 179kcal
たんぱく質 4.5g
脂質 0.5g
炭水化物 37.4g
カルシウム 31mg
鉄 0.2mg
塩分 1.1g

いなりずし

油揚げのたんぱく質、
すし酢のクエン酸は
リカバリーにぴったり！

材料（2個分）と作り方

ごはん100gに市販のすし酢大さじ1を混ぜる。市販のいなりずし用油揚げ2枚にごはんを½量ずつ詰める。

DATA

栄養価（1個分）
エネルギー 95kcal
たんぱく質 1.5g
脂質 0.4g
炭水化物 20.6g
カルシウム 2mg
鉄 0.1mg
塩分 0.6g

おにぎり Q & A

Q おにぎりの個数や大きさはどのくらいがいい？

A コンビニのおにぎりは1個約100g。茶碗に大盛1杯のごはんは約200gです。1食でごはんを200g食べたいなら、おにぎりは2個必要になります。家で作る場合は、大きさを自由に変えられるので、食べやすいサイズにしましょう。小さめにしたら、具を1個ずつ変えることができ、さまざまな栄養素がとれます。

Q 作るときに気をつけることは？

A 食中毒などのリスクを考えると、手で直接握るよりラップで握るほうが安心です。移動時間や気温にもよるので、いつ、どのような場所で食べるのかを考えて作りましょう。暑い時期は、梅干しを具に入れる、酢めしにする、保冷剤を入れて持ち歩く、時間がたち過ぎたものは食べないなど、衛生管理に気をつけて。

Q のりは巻いたほうがいい？

A 食物繊維を多く含む焼きのりは、消化されにくい食材です。そのため、運動前に食べないほうがいいと考える人もいますが、大量にとるわけではないので、どちらでもOKです。のりの香りによって食欲が進む場合もあるので、好みによって決めましょう。

Q おすすめの具は？

A おにぎりは好きな具を入れるのがいちばん。サケやツナは子どもにも人気があり、たんぱく質の補給にもなります。肉巻きおにぎりや味つけ卵入りおにぎりもいいですね。カルシウムを補給したい場合は、ちりめんじゃこや桜エビもおすすめです。暑い時期や食べるまでに時間が空いてしまう場合は、やはり梅干しです。殺菌効果がある梅干しは、真ん中に1つ入れるより、ちぎって混ぜるほうがいいでしょう。

Q 持っていくときに気をつけることは？

A ラップで握ったおにぎりをそのまま持っていくと、内側に水滴がついておいしさが半減。衛生的にも心配です。おにぎりを握ったら、そのラップははずし、粗熱を取りましょう。そのとき、キッチンペーパーをかぶせておくと、表面の乾燥を防ぐことができます。おにぎりがさめたら、ラップやホイルで包む、または密閉容器などに入れてください。

Q コンビニのおにぎりでもOK？

A もちろんOKです。いつでも手軽に買えるコンビニを利用しない手はありません。忙しいときや夏場は、便利に使いましょう。

chapter 3

リカバリー力をグンと高める献立のルール

運動後におにぎりを食べる習慣がついたら、
次は朝、昼、夜の3食を意識してみましょう。
ルールはおおまかに覚えておけばOKです！

献立を組み立てるときは、最低限4つのものを並べましょう。それは「ごはん」「おかず」「野菜」「乳製品」です。さらに、年齢や体格、目的に合わせて「果物」をプラスすることで、しっかりとした体を作ることができます。このルールを覚えておけば、料理の組み合わせに悩むことがなくなり、栄養バランスのとれた食事になります。コンビニやスーパーでお総菜を買うときや、外食でメニューを選ぶときにも、このルールの通りにすれば栄養が偏る心配はありません。

＜リカバリーに向かないものは？＞

パンの中でも菓子パン類は、砂糖や油が多く使用されているので避けましょう。また、ジュースをゴクゴク飲んでしまうと、糖分のとり過ぎになります。食の細い人は特に満腹になってしまい、きちんと食事ができないことにもつながってしまいます。

＜ 基本の献立 ＞

肉や魚、卵、大豆製品などたんぱく質を多く含む食材を使ったおかず。筋肉を作る材料です。

ビタミンやミネラルを補給できる野菜や海藻を使ったおかず。体の調子を整えます。

牛乳、ヨーグルトなど、カルシウムやたんぱく質を含む食材。骨を作る材料です。

おかず　　　野菜　　　乳製品

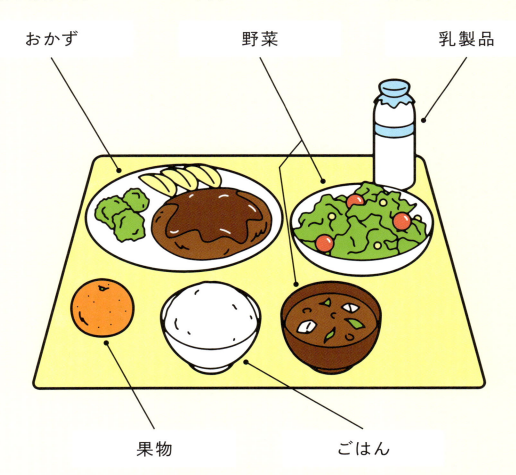

果物　　　ごはん

ビタミンCや糖質などの補給に。大人はデザートの位置づけとして考えましょう。

炭水化物を多く含む主食。パン、麺などもここに入ります。体を動かすエネルギー源です。

【ごはん】
(パン、麺、もちなど)

運動後のエネルギーはごはんでチャージ!

炭水化物を多く含むごはんは、体を動かすエネルギーとなるので、スポーツする人には欠かせません。パンやうどん、パスタなどもこの項目に含みます。炭水化物は、筋肉量や持久力アップにも関わっている大事なもの。毎食、しっかり食べましょう。

炭水化物が足りないと……

炭水化物が不足すると、筋肉及び食事から摂取したたんぱく質をエネルギー源として使ってしまい、筋肉が落ちてしまいます。また、炭水化物は脳のエネルギー源として大切で、しっかり食べないと集中力が低下したり、判断力が鈍ったりします。

どのくらいとればいい?

エネルギーとなる三大栄養素(炭水化物、たんぱく質、脂質)のうち、半分以上は炭水化物からとりましょう(右記参照)。炭水化物は多すぎても少なすぎてもダメ。運動の有無に関わらず、炭水化物のエネルギー比率は50％以上です。1食あたり1000kcalの場合、炭水化物量は140～150g、米にすると1合強です。

エネルギー比率	一般人	アスリート
たんぱく質	13～20%	15～20%
脂質	20～30%	25～30%
炭水化物	50～65%	55～60%

ごはんとパン、どっちがいい?

腹持ちがいいのはどちらかを考えると、選ぶときの目安になります。腹持ちがいいとは、消化のスピードがゆっくりであるということ。ごはんと食パンを比べると、ごはんのほうが腹持ちがよく、長時間の運動には向いています。
運動直前にエネルギー補給したい場合、すぐにエネルギーになるのはパン(油を使っていないフランスパンやベーグル)です。

【おかず】

しっかり動ける筋肉を作るために必要です

肉や魚、卵、大豆製品は、筋肉作り、骨作り、血液作りに必要な栄養素であるたんぱく質を多く含みます。これらを使ったおかずをしっかり食べないと、強い体を作ることはできません。肉だけ、魚だけに偏らず、いろいろな食材からとることも大切です。

たんぱく質が足りないと……

たんぱく質が不足すると、せっかくトレーニングしても思うように筋肉がつきません。また、酵素やホルモン、免疫物質を作る材料にもなるため、十分にとっていないと抵抗力が低下します。一方で、とり過ぎると、体脂肪として蓄積されてしまいます。

どのくらい食べればいい？

活動量の少ない成人女性でも、おかずは1日に肉料理、魚料理合わせて2皿、卵1個、絹ごし豆腐1/2丁弱はとるべきとされています※。スポーツしている人は活動量が多くなるため、これを基に品数や量を増やしましょう。

※『なにをどれだけ食べたらいいの？ 第3版』（女子栄養大学出版部）より

第1章　chapter 3　リカバリー力をグンと高める献立のルール

【野菜】

コンディションを整える野菜を無視してはダメ

野菜はビタミンやミネラル、食物繊維を多く含みます。これらの栄養素はエネルギー源ではありませんが、体の調整役として必要です。サラダやあえものはもちろん、汁ものやスープに野菜をたっぷり入れてもOK。肉や魚などのおかずに野菜を加えてもいいでしょう。

野菜が足りないと……

野菜をしっかりとらないと、ビタミンやミネラル不足になります。すると、集中力低下や疲れ、だるさなどの症状が出たり、貧血になったりするなど、体にさまざまな不調が出てしまいます。また、食物繊維が不足すると腸内環境が悪くなり、便秘などにつながります。

どのくらい食べればいい？

10歳以上なら、1日当たり350g以上、3～7歳は270g、8～9歳は300gを目安に食べましょう。1食当たりで考えると、100g以上の野菜をとる必要があります。生野菜なら両手のひら1杯分、おひたしなど加熱した野菜なら片手のひら1杯分です。1食の献立にこれらを1～2皿つけるとバランスがよくなります。

また、野菜全体の1/3量は、ほうれん草やにんじん、パプリカなどの緑黄色野菜からとりましょう。ビタミンAが豊富な緑黄色野菜は、粘膜の健康を保ち、風邪予防に役立ちます。アスリート並みに運動している人の場合は1/2量が目安です。

苦手な野菜をおいしく食べる方法

野菜が苦手な人は、野菜だけを使ったおかずに抵抗があるようです。その場合は、チキンと合わせてサラダにしたり（P55）、納豆や刺し身と混ぜたり（P57）、サンドイッチの具にしたり（P69）すると食べやすくなります。

【乳製品】

強い骨を作る材料になります!

牛乳やヨーグルト、チーズなどの乳製品は、カルシウムとたんぱく質を豊富に含みます。この2つは、強い骨を作るのに欠かせない栄養素です。

乳製品が足りないと……

カルシウムやたんぱく質が不足すると、成長期であれば十分に背が伸びない可能性があります。ただし、たくさんとったからといって、身長が伸びるわけではありません。また、不足により骨折や疲労骨折のリスクが高まる可能性があります。

どのくらい食べればいい?

活動量の少ない成人女性の目安は、1日に牛乳コップ1杯とヨーグルトを小鉢に1杯です※。小学生から高校生の成長期は、特にカルシウムが必要な時期なので、小学生は1日2回、中学〜高校生は1日3回とりましょう。

※『なにをどれだけ食べたらいいの? 第3版』(女子栄養大学出版部)より

【果物】

補食やデザートに上手に取り入れて

ビタミンCを多く含む果実は、体のコンディションを整えます。また、糖質（炭水化物）を多く含む果実は、エネルギーの補給にもなります。

果物の役割

オレンジやいちご、キウイにはビタミンCが多く含まれています。かんきつ類やキウイはクエン酸や食物繊維が豊富です。バナナは芋類並みに炭水化物が多く、エネルギー補給源となります。調理せずに手軽に食べられるので、補食やデザートに活用しましょう。

どのくらい食べればいい？

活動量の少ない成人女性の目安は、1日にりんご約1/2個です[※]。大人はこの量で十分ですが、成長期の小学生は1日2回、中学〜高校生は1日3回を目安にとりましょう。果物は糖分を多く含むので、とり過ぎには注意して。

※『なにをどれだけ食べたらいいの？ 第3版』（女子栄養大学出版部）より

chapter 4
１日の献立の組み合わせモデル

献立の基本は「ごはん + おかず + 野菜 + 乳製品」。
朝食、昼食、夕食でそれを実践できるようにしましょう。
料理の組み合わせ方をぜひ参考にしてみてください。

朝食

＜ 和食の場合 ＞

プレーンヨーグルト
必ずとりたい乳製品。牛乳１杯に変えてもOK。

オレンジ
ビタミンCを補給。ヨーグルトと混ぜてフルーツヨーグルトにしても。

野菜のみそ汁
具だくさんみそ汁にして野菜をチャージ。野菜は１人分100gが目安。

ごはん + 生卵
ごはんの量は年齢や活動量に合わせて。卵かけごはんは忙しい朝にうれしい組み合わせ。卵入り雑炊、卵焼きや目玉焼きにしても。

< 洋食の場合 >

バナナ

バナナは朝のエネルギー補給にぴったり。食物繊維もとることができます。

牛乳

乳製品は欠かせません。ヨーグルトに変えてもOK。

具だくさんスープ

→ P103

「野菜スープの素」を利用すれば、野菜たっぷりのスープもあっという間です。

ほうれん草と
ハムの
チーズホットサンド

→ P69

ハム、チーズ、ほうれん草を挟んだホットサンドなら、おかずも野菜もとれます。ハムチーズトーストやフレンチトーストもおすすめ。

昼 食

< コンビニでおにぎりを買う場合 >

おにぎり
おにぎり1個は約100g。年齢や運動量に合わせて必要な個数を買いましょう。

ゆで卵
卵は手軽にたんぱく質を補給できる食材。コンビニで買えるゆで卵は便利。

チーズ
チーズで乳製品をプラスしましょう。サラダにトッピングしても。

サラダ＋サラダチキン
緑黄色野菜多めのサラダに、ほぐしてあるタイプのサラダチキンをのせて。サラダチキンは1パック100g前後なので、たんぱく質をしっかりとれます。

＜ コンビニでどんぶりを買う場合 ＞

おひたし

どんぶりは野菜を使っていない場合が多いので、おひたしやサラダなどの野菜メニューを必ずつけて。

ヨーグルト

カップ入りのヨーグルトで乳製品をプラスしましょう。

すきやき丼

ごはん＋たんぱく質のおかずがそろっているすきやき丼をチョイス。牛丼や親子丼もおすすめ。体脂肪を増やしたくない人は、天丼など揚げ物をのせたものは避けましょう。

第1章　chapter 4　1日の献立の組み合わせモデル

夕食

＜ 肉がメインの場合 ＞

クラムチャウダー
→ P103

「野菜スープの素」に牛乳やアサリを加えてアレンジしたクラムチャウダーは、カルシウムや鉄の補給にもなります。

**牛ひき肉と
大豆のドライカレー**
→ P95

ごはん＋おかずが一皿でとれるドライカレーは、食欲がないときや運動後すぐに食べたいときにぴったり。

プラスするなら…
「サケとかぼちゃのホイル焼き」（P79）がおすすめ！

第1章　chapter 4　1日の献立の組み合わせモデル

＜ 魚がメインの場合 ＞

ひじきとオクラのサケフレークあえ
→ P101

野菜の作り置きメニューを活用。海藻と野菜からビタミン＆ミネラルを補給できます。

カツオのたたき パセリレモンソース
→ P96

たんぱく質を含むカツオのたたきは、すぐに食べられて便利。もう一品加えたいときにもおすすめです。

じゃこカプレーゼ
→ P84

チーズとじゃこのカルシウム、トマトのビタミンを一緒にとれるメニュー。

ごはん

ごはんの量は年齢や活動量に合わせましょう。補食でおにぎりを食べた場合は、ごはんをなしにしても。

みそ汁

野菜がとれていない場合は、具だくさんにしても。

プラスするなら…

「牛しゃぶと焼き豆腐のスタミナうどん」（P62）がおすすめ！

41

補 食

補食とは？

スポーツする人は多くのエネルギーを消費するため、3食では足りないことも。そのため、トレーニング前後などに食事の一部となるものを食べて1日の食事量を増やす必要があります。このときに食べる3食以外のものを補食といいます。

補食におすすめの食べ物

運動前は特にエネルギー補給が主な目的なので、炭水化物を多く含むものをとりましょう。いちばんのおすすめは「おにぎり」です。運動後、特に筋肉痛が起きそうな筋トレをした後は、炭水化物＋たんぱく質を含むサケ入りおにぎり、ハムサンド、卵サンドがおすすめです。

夕食が遅くなるときは？

運動後、遅い夕食になりそうなときは、エネルギー補給になる炭水化物（おにぎりなど）を先に食べましょう。帰宅後は、ごはんは控え、おかず（揚げ物は避ける）＋野菜（ノンオイル）にします。遅い時間に食べるときは、消化に時間がかからないように、油を極力減らすのがポイント。野菜中心のなべ料理もおすすめです。

補食をとるときの注意点

補食はおやつではありません。おなかが空いたときに菓子パンや甘いお菓子でまぎらわせようとすると、砂糖のとり過ぎになりやすいので、補食はあくまでも食事の一部として考えましょう。

第1章　chapter 4　1日の献立の組み合わせモデル

食事量はどう決める？

献立の基本ルールがわかったら、次に気になるのが「自分はどのくらい食べたらいいのか？」ということではないでしょうか。でも、カロリーや栄養素を計算するのはちょっと面倒です。また、年齢や体格、運動量によって食事量は変わるので、あまり現実的ではありません。

ということで……

カロリーは気にしなくてOKです！

自分に最適な食事量を知るために必要なのは、自分の体の状態を常に把握し、今よりどうしたいかを考えることです。そのための具体的な方法を紹介します。

① 毎朝、体重と体脂肪率を測る。

朝起きて排尿後、飲んだり食べたりせずに
体重と体脂肪率を測って記録します。

> 体脂肪率が増えたのはおやつのせいかな？

② 体重の変化の原因を振り返る。

前日の数値と比較して、振り返ってみましょう。
運動量はどうだったか、食事の内容はどうだったか。
何か気づくことがあるはずです。

> 体重が減ったのはおかずが足りないせいかな？

筋肉を増やしたい、あるいは体脂肪を減らしたい場合は、以下の順番で食事を見直しましょう。それぞれ1週間ごとに見直して筋肉量や体脂肪量をチェックします。

筋肉量を増やしたい場合

1. 朝食量を今より増やす。
2. 午前中の補食量を増やす。
3. 昼食量を増やす。
4. 午後の補食量を増やす。
5. 夕食量を増やす。
6. 夜食の導入を検討する。

筋肉量の変化を知る方法

体重50kg、体脂肪率15％だった場合

① 体重と体脂肪率から除脂肪量（筋肉＋内臓＋骨など）を計算する。
50kg ×（1－0.15）＝ 42.5kg（除脂肪量）

② 除脂肪量の増減は主に筋肉量の変化なので、この重量がどのくらい変化したかをチェックする。

※ 筋肉量を増やしていく目安は月にプラス1〜2kg。それ以上のペースで増やすと体が重く感じ、パフォーマンスが落ちます。

体脂肪を減らしたい場合

1. ジュースは飲まない。牛乳は低脂肪または無脂肪にする。
2. 夕食の油を控える。
   （揚げ物は控え、ドレッシングはノンオイルに）。
3. 夕食に果物を食べない。
4. 間食(補食)はしない(特に夜)。
5. 食事量を見直す。

体脂肪量の変化を知る方法

体重50kg、体脂肪率15％だった場合

① 体重と体脂肪率から体脂肪量を計算する。
50kg × 0.15 ＝ 7.5kg（体脂肪量）

② 体脂肪量がどのくらい変化したかをチェックする。

※ 体脂肪量を減らしていく目安は月にマイナス1〜2kg。それ以上のペースで減らすと、筋肉も落ちてしまいます。

筋肉量を増やしながら、体脂肪を減らしたい場合は、両方を順番に行って変化をチェックしてください。

Column 1

リカバリーには休養も大事！

運動による疲れは、食事をとるだけでなく、休養もしっかりとらないと回復しません。最も大切なのが「睡眠」。夜更かしせず質の高い睡眠を7～8時間とることが、リカバリーにつながります。

ぐっすり眠るためのポイントは、夕食と入浴です。寝る時に胃での消化がある程度終わっていないと眠りが浅くなるので、寝る直前に夕食を食べるのは避けましょう。どうしても遅くなる場合は、油脂を控え、消化のいいものを選んでください。また、入浴するときは、ぬるめのお風呂にゆっくりとつかると睡眠の質が高まります。部屋を真っ暗にして寝ることも重要です。

さらに、お風呂につかると全身の血行がよくなり、疲労による代謝産物がたまりにくくなります。できればシャワーで済ませるのではなく、湯船につかりましょう。マッサージやストレッチも疲労回復に役立ちます。

強くなるために必要な3つの要素

リカバリーごはん〇×クイズ　Part 1

ヒントはP9〜45のどこかにあります！

1	トレーニングの後は、少し時間がたってから栄養をとったほうがいい。	ホント or ウソ
2	体を動かすエネルギーとなる栄養素は、炭水化物である。	〇 or ×
3	運動後の筋肉の修復のために必要な栄養素は、食物繊維である。	〇 or ×
4	運動後のリカバリーに最適なのは、菓子パンである。	〇 or ×
5	コンビニのおにぎりは、1個約100gである。	〇 or ×
6	献立に最低限並べたい4つのものは、「ごはん」「おかず」「プロテイン」「乳製品」である。	〇 or ×
7	炭水化物が足りないと、筋肉量が落ちてしまう。	〇 or ×
8	筋肉量を増やしたい場合は、まず朝食の量を今より減らす。	〇 or ×
9	補食とは、試合で頑張ったときに食べるごほうびである。	〇 or ×
10	運動後は、すぐに食べずに、家に帰ってからきちんと食べたほうがいい。	〇 or ×

→ 答えはP48へ

リカバリーごはん○×クイズ Part 1

【 答え 】

#	答え	解説
1	ウソ	運動後はできるだけ早くお菓子ではなく、食事の一部になるものをとりましょう。食べるのが遅くなると、リカバリーが遅れてしまいます。
2	ホント	体を動かすエネルギー源となる炭水化物は、何よりも大切な栄養素です。ごはん、パン、うどん、パスタなどに多く含まれています。
3	ウソ	筋肉の修復のために必要な栄養素は、たんぱく質です。肉、魚、大豆製品、卵、牛乳などに多く含まれています。
4	ウソ	リカバリーに最適なのは、炭水化物とたんぱく質が含まれているおにぎりです。菓子パンは砂糖や油の量が多いので避けましょう。
5	ホント	コンビニのおにぎりは1個約100g。茶碗に大盛1杯のごはんが約200gなので、1食でごはんをこのくらい食べたいなら、おにぎりは2個必要です。
6	ウソ	「ごはん」「おかず」「野菜」「乳製品」です。野菜はビタミンやミネラル、食物繊維を多く含み、体の調整役として必要です。
7	ホント	炭水化物が不足すると、たんぱく質をエネルギー源として使ってしまうため、筋肉量が落ちてしまいます。
8	ウソ	筋肉量を増やしたい場合は、まず朝食の量を増やします。様子をみて、補食や昼食、夕食、夜食を増やすのが正しい順番です。
9	ウソ	3食で必要な栄養が足りないときに、トレーニング前後に補う食べ物のことを補食といいます。
10	ウソ	遅い夕食になりそうなときは、エネルギー補給になるおにぎりなどを先に食べ、帰宅後におかず＋野菜を食べましょう。

第2章

リカバリーのための簡単レシピ

もっと強く、もっと速く、もっと楽しくスポーツしたい！ そんな願いをかなえるのが、リカバリーごはん。ここでは、「翌日に疲れを残したくない」「スタミナ切れをなくしたい」などの目的に合わせた、おすすめの食材やレシピを紹介します。どれもパパッと簡単に作れるものばかり。不足しがちな野菜を補える作り置きメニューも、ぜひ役立ててください！

chapter 1

疲れを
とりたい

体をたくさん動かすと、車のガソリンにあたるエネルギーが切れ、エンジンにあたる筋肉もダメージを受けます。そんな体をすばやく回復するためには、運動後に必要な栄養素をなるべく早くとることと、しっかりとした休養をとることが大切です。「疲れがなかなか抜けず、思い通りに体を動かせない」という人は、ポイントを意識した食事を実践してみて！

食事のポイント

☑ **エネルギーを補給する。**

運動中に使ったエネルギーを
炭水化物でチャージしよう。

☑ **筋肉をメンテナンスする。**

運動後の筋肉ダメージは
たんぱく質ですばやく回復しよう。

☑ **水分を補給する。**

発汗した分の水分を**ジュースやスープ**で
栄養と一緒に補給。

ここで使った リカバリー食材

炭水化物

穀類	ごはん
	スパゲティ
果物	バナナ

たんぱく質

肉	豚ロース肉
	鶏胸肉
魚介	アジ
	サケ
豆類	豆腐
	納豆
野菜	枝豆
	きなこ
乳製品	牛乳
	ヨーグルト
その他	卵

第 2 章　chapter 1　疲れをとりたい

温玉とろーり♪

豚ねぎ丼の温玉のせ

甘辛〜いたれが豚肉にからみ、
疲れたときでも食欲がわく！

材料（1人分）

ごはん …… どんぶり1杯分（200g）
豚ロース肉（しょうが焼き用）…… 120g
サラダ油 …… 小さじ1
A｜（混ぜる）
　｜しょうゆ・みりん …… 各大さじ½
　｜砂糖 …… 小さじ½
小ねぎ（小口切り）…… 5本（10g）
温泉卵 …… 1個

作り方

1　豚肉は半分に切る。
2　フライパンにサラダ油を中火で熱し、豚肉を入れて両面を焼く。肉の色が変わったらAを加えてからめる。
3　器にごはんを盛り、2を煮汁ごとのせ、小ねぎと温泉卵をのせる。

DATA

調理時間
5分

リカバリー食材
ごはん
豚ロース肉
卵

栄養価（1人分）
エネルギー 840kcal
たんぱく質 34.6g
脂質 37.4g
炭水化物 82.7g
カルシウム 45mg
鉄 1.8mg
塩分 1.6g

【memo】・豚肉のビタミンB_1は、炭水化物をエネルギーに変える助けになります。
　　　　・ねぎのアリシンはビタミンB_1の吸収を高めるので、豚＆ねぎは最強コンビ！

第2章　chapter 1　疲れをとりたい

chapter 1 疲れをとりたい

ソースいらずでラクラク！

サケと納豆の和風スパゲティ

味の決め手は麺にからめたバターじょうゆ。
サケ＆納豆にもベストマッチ！

材料（1人分）

- スパゲティ …… 100g
- A ｜ バター …… 10g
  ｜ しょうゆ …… 小さじ1
- 生ザケの切り身 …… 1切れ
- 塩 …… 小さじ⅙
- 納豆 …… 1パック
- きざみのり …… 適量

サケフレーク大さじ2〜3でもOK

作り方

1. スパゲティは表示通りにゆでる。ゆで上がったらボールに入れ、Aをからめる。
2. サケは塩をまぶし、耐熱皿にのせてラップをかけ、電子レンジ（600W）に1分30秒かけて中まで火を通す。粗熱が取れたら皮と骨を除いてほぐす。納豆はかき混ぜる。
3. 器に1を盛り、2とのりをのせる。

DATA

調理時間
10分

リカバリー食材
スパゲティ
サケ
納豆

栄養価（1人分）
エネルギー 655kcal
たんぱく質 38.1g
脂質 17.8g
炭水化物 80.1g
カルシウム 75mg
鉄 3.4mg
塩分 1.3g

【memo】・納豆はカルシウムとビタミンKを多く含むので、骨を強くしたい人にもおすすめ。

第 2 章　chapter 1　疲れをとりたい

コンビニ食材でできる！

サラダチキンと枝豆のサラダ

たんぱく質と野菜をしっかり補給したいときにぴったり！

材料（1人分）

サラダチキン（市販）…… 1パック
冷凍ゆで枝豆（解凍してさやから出す）
　…… 30g
カット野菜（サラダ用）…… 1袋（80g）
A｜マヨネーズ・プレーンヨーグルト
　　…… 各大さじ½
　｜塩・こしょう …… 各少量

作り方

1　サラダチキンは食べやすくほぐす。
2　ボールにサラダチキンと枝豆、カット野菜、Aを入れて混ぜ合わせ、器に盛る。

好みのものでOK

DATA

調理時間
3分

リカバリー食材
<u>鶏胸肉</u>
<u>枝豆</u>

栄養価（1人分）
エネルギー 220kcal
たんぱく質 32.3g
脂質 7.8g
炭水化物 6.4g
カルシウム 91mg
鉄 2.6mg
塩分 1.8g

【memo】・枝豆は若い大豆で野菜の仲間。ゆで大豆にはほぼ含まれないビタミンAやビタミンCを含みます。
　　　　・マヨネーズにヨーグルトを混ぜると、脂質をオフできます。

第 2 章　chapter 1　疲れをとりたい

火を使わずにできる！

豆腐と豚肉のごまポン酢だれ

材料を電子レンジでチンしたら、
ごまポン酢だれをかけるだけ！

材料（1人分）

木綿豆腐 …… 150g
豚ロース薄切り肉 …… 120g
塩 …… 少量
A　（混ぜる）
　ポン酢しょうゆ …… 大さじ1
　すり白ごま・ごま油 …… 各小さじ1

作り方

1　豆腐は一口大に切る。豚肉は塩をふる。
2　耐熱皿に豆腐を入れ、豚肉を広げてのせる。ラップをして電子レンジ（600W）に2～2分30秒かけ、取り出してAを回しかける。

DATA

調理時間
5分

リカバリー食材
豆腐
豚ロース肉

栄養価（1人分）
エネルギー 520kcal
たんぱく質 33.1g
脂質 39.0g
炭水化物 4.7g
カルシウム 173mg
鉄 2.1mg
塩分 1.3g

【memo】・肉と豆腐を組み合わせることで、脂質を増やしすぎずにたんぱく質を補給できます。
　　　　・たれは市販のごまだれなどを使ってもOK。

第 2 章　chapter 1　疲れをとりたい

ごはんにのっけても！

アジとほうれん草の納豆あえ

この組み合わせは意外なおいしさ。
野菜が苦手な人にもおすすめです。

材料（1人分）

アジのたたき（市販）…… 100g
ほうれん草 …… 80g
納豆 …… 1パック
しょうゆ …… 小さじ1

冷凍ほうれん草でもOK

作り方

1. ほうれん草は熱湯でゆでて水にとり、水けを絞って3cm長さに切る。
2. ボールに納豆としょうゆを入れて混ぜ、1とアジを加えてよく混ぜ合わせ、器に盛る。

DATA

調理時間
5分

リカバリー食材
アジ
納豆

栄養価（1人分）
エネルギー 234kcal
たんぱく質 30.2g
脂質 8.8g
炭水化物 8.7g
カルシウム 121mg
鉄 3.3mg
塩分 1.4g

【memo】・たんぱく質のおかずをプラスしたいときや、遅めの夕食のおかずにおすすめ。
・ほうれん草はビタミンAが多く、粘膜を健康に保って風邪予防に役立ちます。

ミキサーで混ぜるだけ！

枝豆のポタージュ

枝豆は甘みとうまみがあるので、
シンプルな味つけでOK！

材料（1人分）

冷凍ゆで枝豆（解凍してさやから出す）
　…… 100g
牛乳 …… ¾カップ
塩・こしょう …… 各少量

作り方

1. ミキサーにすべての材料を入れて撹拌する。
2. 耐熱の器に入れ、電子レンジの牛乳温めキーで温める。

DATA

調理時間
5分

リカバリー食材
枝豆
牛乳

栄養価（1人分）
エネルギー 265kcal
たんぱく質 18.2g
脂質 13.6g
炭水化物 18.2g
カルシウム 249mg
鉄 2.5mg
塩分 0.5g

【memo】・食欲がないときでも飲みやすく、水分とたんぱく質を一緒にとれます。
・牛乳が苦手な人や、カルシウムを積極的にとりたいジュニア世代にもおすすめ。
・夏は冷やして冷製スープにしてもOK。

第 2 章　chapter 1　疲れをとりたい

朝食や補食に！

バナナきなこラッシー

相性抜群のバナナ＆ヨーグルトに、
きなこの香ばしさをプラス。

材料（1人分）

バナナ …… 1本
きなこ …… 大さじ1
牛乳・プレーンヨーグルト
　…… 各½カップ
はちみつ …… 適量

作り方

1　バナナは皮をむく。
2　ミキサーにすべての材料を入れて攪拌し、グラスに注ぐ。

DATA

調理時間
1分

リカバリー食材
バナナ　きなこ
牛乳　ヨーグルト

栄養価（1人分）
エネルギー 274kcal
たんぱく質 10.8g
脂質 9.1g
炭水化物 40.6g
カルシウム 260mg
鉄 0.8mg
塩分 0.2g

【memo】・牛乳に含まれているアルブミンは、運動後の水分の吸収をスムーズにします。
　　　　・きなこは大豆を炒ってひいた、植物性のプロテインです。

chapter 2
スタミナを つけたい

マラソンやバスケットボール、サッカーなど、長時間走り続けるスポーツは、持久力が重要です。スタミナ切れを起こさないためには、エネルギーの源となる「グリコーゲン」を筋肉中に蓄えておく必要があります。食事によってグリコーゲンの貯蔵量を増やすことが、スタミナアップへの道。走っている時にすぐに疲れてしまう人は要チェックです！

食事のポイント

- ☑ **筋肉中のエネルギー（グリコーゲン）を増やす。**

  持久力を高めるトレーニング後に**炭水化物**を補給しよう。

- ☑ **グリコーゲン貯蔵量アップを後押し。**

  グリコーゲンの貯蔵を助ける**クエン酸とたんぱく質**をとろう。

- ☑ **貧血を予防する。**

  運動中の貧血を防ぐため、**鉄**の多い食材をとろう。

- ☑ **低脂肪を心がける。**

  炭水化物多め・脂質少なめがグリコーゲン貯蔵量を増やすカギ！

ここで使ったリカバリー食材

炭水化物

穀類	ごはん、パン、うどん、もち
芋・野菜	じゃが芋、里芋、かぼちゃ

クエン酸

果物	レモン
その他	酢、梅干し

たんぱく質＆鉄 \両方とれる！/

肉	牛もも肉、ラム肉
魚介	マグロ赤身、イワシ
豆類	納豆

たんぱく質

肉	ハム
豆類	豆腐
乳製品	チーズ

鉄

野菜	ほうれん草

第 2 章　chapter 2　スタミナをつけたい

運動前にもおすすめ！

牛しゃぶと焼き豆腐のスタミナうどん

牛肉＆焼き豆腐で文句なしのボリューム。
ひと鍋ですぐできます。

材料（1人分）

冷凍うどん …… 1玉
牛もも肉（しゃぶしゃぶ用）…… 80g
焼き豆腐 …… 150g
ねぎ …… ½本（50g）
A｜めんつゆ（3倍希釈タイプ）…… 大さじ4
　｜湯 …… 1カップ

作り方

1　豆腐は一口大に切る。ねぎは斜め切りにする。
2　なべに湯を沸かし、うどんと1を入れて1～2分ゆで、取り出して器に盛る。同じ湯で牛肉をさっとゆで、肉の色が変わったら器に盛る。
3　なべをさっと洗い、Aを入れて温め、2に注ぐ。

DATA

調理時間
5分

リカバリー食材
うどん
牛もも肉
豆腐

栄養価（1人分）
エネルギー 612kcal
たんぱく質 34.8g
脂質 23.4g
炭水化物 61.2g
カルシウム 269mg
鉄 4.6mg
塩分 7.8g

【memo】・あえものやサラダをプラスすれば、バランスのいい献立になります。
　　　　・食事量を増やしたいときの、プラスワンメニューとしてもおすすめ。

第 2 章　chapter 2　スタミナをつけたい

第 2 章　chapter 2　スタミナをつけたい

お酢で食欲増進！

牛肉とかぼちゃの焼きサラダ

かぼちゃ＆牛肉は、持久力をアップさせる最高の組み合わせ！

材料（1人分）

牛もも肉（焼き肉用）
　　…… 100〜150g
塩 …… 少量
かぼちゃ …… 100g
サラダ油 …… 小さじ1
A｜酢 …… 大さじ½
　｜塩・粗びき黒こしょう
　｜　　…… 各少量

作り方

1. 牛肉は塩をふる。かぼちゃは7〜8mm幅に切る。
2. フライパンにサラダ油を中火で熱し、1を並べて両面を焼く。
3. 火を消してAをふってからめ、器に盛る。

DATA

調理時間
10分

リカバリー食材
牛もも肉
かぼちゃ
酢

栄養価（1人分）
エネルギー 336kcal
たんぱく質 26.4g
脂質 15.1g
炭水化物 21.3g
カルシウム 19mg
鉄 3.5mg
塩分 0.4g

【memo】・かぼちゃは、炭水化物とともにビタミンA、C、Eも豊富です。
　　　　・市販のドレッシングをかけるなら、ノンオイルタイプを選んで。

第 2 章　chapter 2　スタミナをつけたい

貧血予防にも！

ラムのスパイシー焼き

カレー粉のおかげで、ラム肉のクセがカバーされます。

材料（1人分）

骨つきラム肉 …… 2本（200g）
A｜（混ぜる）
　｜カレー粉 …… 小さじ1
　｜塩 …… 小さじ¼
　｜粗びき黒こしょう …… 少量
じゃが芋 …… 小1個（80g）
B｜塩・こしょう …… 各少量
　｜牛乳 …… 大さじ1〜2
レモンのくし形切り …… 適量

作り方

1. ラム肉はAをもみ込み、20分ほど置く。天板にオーブン用シートを敷き、ラム肉を並べてオーブントースターで15〜18分焼く。途中、焦げそうならアルミ箔をかぶせる。
2. じゃが芋は耐熱ボールに入れ、ラップをして電子レンジ（600W）に2分かける。粗熱が取れたらフォークでつぶし、Bを加えて混ぜ合わせる。
3. 器に1と2を盛り、レモンを添える。

DATA

調理時間
40分

リカバリー食材
ラム肉
じゃが芋
レモン

栄養価（1人分）
エネルギー 703kcal
たんぱく質 33.5g
脂質 52.9g
炭水化物 17.1g
カルシウム 55mg
鉄 3.3mg
塩分 2.2g

【memo】・つけ合わせのじゃが芋には、炭水化物とビタミンCが含まれています。
　　　　・レモンの酸味でさっぱりと食べられます。

缶詰って便利！

イワシと豆腐、里芋の梅煮

イワシは缶詰を使えば、
手がかかりそうな魚料理もあっという間！

材料（1人分）

- イワシの水煮（缶詰）…… 100g
- 木綿豆腐 …… 100g
- 里芋の水煮（市販）
  …… 3〜4個（100g）
- 梅干し …… 1個
- めんつゆ（3倍希釈タイプ）
  …… 大さじ½
- 水 …… ⅓カップ

冷凍里芋でもOK

作り方

1. 豆腐は一口大に切る。里芋は大きければ半分に切る。
2. なべにすべての材料を入れ、中火にかける。フツフツしてきたらふたを少しずらしてのせ、2〜3分煮て器に盛る。

DATA

調理時間
5分

リカバリー食材
イワシ　里芋
豆腐　梅干し

栄養価（1人分）
エネルギー 330kcal
たんぱく質 29.3g
脂質 14.9g
炭水化物 17.6g
カルシウム 426mg
鉄 4.3mg
塩分 3.7g

【memo】・缶詰のイワシは骨ごと食べられるので、カルシウムも補給できます。
・冷凍里芋を使う場合は、電子レンジで解凍してから加えると時短になります。

第 2 章　chapter 2　スタミナをつけたい

鉄もたっぷり！

マグロのキムチ納豆

キムチの辛みが食欲を刺激。
どんぶりごはんにしても GOOD！

材料（1人分）

マグロのぶつ切り（赤身）…… 100g
白菜キムチ …… 30g
納豆 …… 1パック
すり白ごま …… 小さじ1

作り方

1. キムチは粗く刻む。
2. ボールに納豆を入れて混ぜ、1と残りの材料を加えてよく混ぜ合わせ、器に盛る。

DATA

調理時間
3分

リカバリー食材
マグロ赤身
納豆

栄養価（1人分）
エネルギー 247kcal
たんぱく質 35.2g
脂質 7.6g
炭水化物 8.5g
カルシウム 96mg
鉄 3.1mg
塩分 0.8g

【memo】
- マグロ赤身は鉄が多く、低脂肪、高たんぱく質食材です。
- キムチはビタミンB1とアリシンが多く、炭水化物がエネルギーに変わるのを助けます。

第 2 章　chapter 2　スタミナをつけたい

レンジでラクラク！

納豆もち

朝食や補食、あと一品加えたいときに知っておくと便利。

材料（1人分）

切りもち …… 2個
納豆 …… 1パック
しょうゆ …… 小さじ1
小ねぎ（小口切り）…… 2〜3本（5g）

作り方

1. もちはさっと水で濡らして耐熱皿にのせ、ラップをして電子レンジ（600W）に1〜1分20秒かける。
2. 納豆はしょうゆを加えてよく混ぜる。1にかけ、小ねぎを散らす。

DATA

調理時間
3分

リカバリー食材
もち
納豆

栄養価（1人分）
エネルギー 349kcal
たんぱく質 12.3g
脂質 5.1g
炭水化物 61.2g
カルシウム 50mg
鉄 1.8mg
塩分 0.9g

【memo】・もちは電子レンジにかけると時短になります。
　　　　　もちろん、オーブントースターで焼いてもOKです。

第 2 章　chapter 2　スタミナをつけたい

フライパンでできる！

ほうれん草とハムのチーズホットサンド

スタミナアップにつながる食材のサンドイッチは、
朝食にも補食にもおすすめ！

材料（1人分）

食パン（8枚切り）…… 2枚
バター …… 適量
ハム …… 2枚
ほうれん草（ゆでたもの）…… 40g
スライスチーズ …… 2枚

冷凍ほうれん草でもOK

作り方

1. 食パンは片面にバターを塗り、ハム、ほうれん草、チーズを挟む。アルミ箔で全体を包む。
2. フライパンに1を入れ、ふたをして中火にかけ、5分ほど焼く。裏返して同様に焼く。半分に切って器に盛る。

DATA

調理時間
12分

リカバリー食材
パン　ほうれん草
ハム　チーズ

栄養価（1人分）
エネルギー 479kcal
たんぱく質 22.6g
脂質 21.6g
炭水化物 48.2g
カルシウム 288mg
鉄 1.2mg
塩分 3.1g

【memo】・鉄（ほうれん草）は、たんぱく質（チーズやハム）と一緒にとると、吸収されやすくなります。

chapter 3
筋肉を増やしたい

筋肉はトレーニングをすると小さな傷がつき、それが修復されることによって成長します。ここで重要なのが、筋肉の修復には、食事でとったたんぱく質が使われるということです。そして、エネルギーとなる炭水化物をとることも、筋肉量を増やすための必須条件。「筋肉がなかなかつかない」という人は、ごはんの量を見直してみましょう。筋肉が増えると血液量も増えるので、貧血対策の食事（P90～99）も参考にして！

食事のポイント

☑ **エネルギーを補給する。**

筋トレで使ったエネルギーを
炭水化物でチャージしよう。

☑ **筋肉をメンテナンスする。**

筋トレで傷ついた筋肉を
たんぱく質で修復しよう。

ここで使った
リカバリー食材

炭水化物

穀類	ごはん
	パン
	麺
芋・野菜	じゃが芋
	かぼちゃ

たんぱく質

肉	豚ロース肉
	鶏胸肉
	鶏ひき肉
魚介	アジ
	サケ
豆類	大豆
乳製品	牛乳
	ヨーグルト
	チーズ
その他	卵

チーズのコクをプラス！

チーズタッカルビ

キムチの辛さが食欲を刺激して、
ごはんが進みます！

材料（1人分）

鶏胸肉 …… ½枚（120g）
A ｜ 酒 …… 小さじ1
　｜ 塩・こしょう …… 各少量
ごま油 …… 小さじ1
白菜キムチ …… 50g
トマトケチャップ …… 大さじ1
ピザ用チーズ …… 50g

作り方

1 鶏肉は一口大に切り、Aをもみ込む。
2 フライパンにごま油を弱めの中火で熱し、1を並べる。焼き色がつくまで3〜4分焼き、裏返して同様に焼く。
3 キムチとケチャップを加えていため、チーズを散らしてふたをする。1〜2分ほどしたら火を消し、器に盛る。

DATA

調理時間
10〜12分

リカバリー食材
鶏胸肉
チーズ

栄養価（1人分）
エネルギー 427kcal
たんぱく質 38.7g
脂質 24.3g
炭水化物 9.1g
カルシウム 347mg
鉄 1.0mg
塩分 3.4g

【memo】・高たんぱく質・低脂肪の鶏胸肉は、筋肉作りにおすすめの食材です。
・鶏胸肉に下味をもみ込むと、パサつかずにしっとり仕上がります。

第 2 章　**chapter 3**　筋肉を増やしたい

第 2 章　chapter 3　筋肉を増やしたい

すぐ食べたいときに！

ごまアジ丼

欲しい栄養がしっかりとれる、火を使わない時短メニュー。

材料（1人分）

ごはん …… 茶碗1杯分（200g）
アジのたたき（市販）…… 100g
卵 …… 1個
しょうゆ・すり白ごま …… 各小さじ1

作り方

1. 器にごはんを盛り、アジをのせる。
2. 卵を割り入れ、しょうゆを回しかけてごまをふる。

DATA

調理時間
1分

リカバリー食材
ごはん
アジ
卵

栄養価（1人分）
エネルギー 564kcal
たんぱく質 32.6g
脂質 12.0g
炭水化物 75.8g
カルシウム 84mg
鉄 2.5mg
塩分 1.4g

【memo】・アジは脂質少なめでたんぱく質が豊富。鉄も補給できます。
　　　　・生ものを使っているので、念のため試合や大会の前日は避けましょう。

第 2 章　chapter 3　筋肉を増やしたい

やさしい味わい！

チキンと大豆のクリームリゾット

サラダチキンを使ったリゾットなら、
誰でも簡単に作れます！

材料（1人分）

A　ごはん …… 茶碗かるく1杯（150g）
　　サラダチキン（市販）…… 1パック
　　大豆（ドライパック）…… ½缶（30g）
　　牛乳 …… 1カップ
　　顆粒コンソメスープの素 …… 小さじ½
塩 …… 少量
粉チーズ …… 大さじ1
粗びき黒こしょう …… 適量

作り方

1. Aのサラダチキンは食べやすくほぐす。
2. なべにAを入れてざっと混ぜ、中火にかけ、フツフツしてきたら弱火にして3分ほど煮る。
3. 塩で味をととのえて器に盛り、粉チーズと粗びき黒こしょうをふる。

DATA

調理時間
5～6分

リカバリー食材
ごはん　鶏胸肉
大豆　牛乳　チーズ

栄養価（1人分）
エネルギー 601kcal
たんぱく質 45.2g
脂質 14.3g
炭水化物 69.5g
カルシウム 343mg
鉄 1.2mg
塩分 2.7g

【memo】・大豆と牛乳、粉チーズは、たんぱく質とともにカルシウムも豊富です。

第 2 章　chapter 3　筋肉を増やしたい

`おしゃれに補給♪`

サーモンキャベツサンド

スモークサーモンのうまみと、
さっぱり味のキャベツがベストマッチ。

材料（1人分）

食パン（8枚切り）…… 2枚
キャベツ …… 1枚（60g）
マヨネーズ・プレーンヨーグルト
　　…… 各小さじ1
バター …… 適量
スモークサーモン …… 40g

作り方

1　キャベツは細切りにしてボールに入れ、ラップをして電子レンジ（600W）に1分かける。粗熱が取れたらマヨネーズとヨーグルトを加えて混ぜる。
2　食パンは片面にバターを塗り、1とスモークサーモンを挟む。食べやすく切り、器に盛る。

DATA

調理時間
5分

リカバリー食材
パン
スモークサーモン
ヨーグルト

栄養価（1人分）
エネルギー 405kcal
たんぱく質 20.5g
脂質 13.9g
炭水化物 49.3g
カルシウム 69mg
鉄 1.1mg
塩分 3.0g

【memo】・キャベツは電子レンジにかけてかさを減らすのがポイント。
　　　　・マヨネーズ&ヨーグルトで味つけすると、脂質を抑えられます。

第 2 章　chapter 3　筋肉を増やしたい

よくあえて！

鶏ひき肉のあえ麺

鶏ひき肉と麺を同じ湯でゆでるのがコツ。
麺にうまみがしっかりからみます。

材料（1人分）

中華生麺 …… 1玉
鶏ひき肉 …… 100g
塩 …… 小さじ1
A ｜ ごま油 …… 大さじ½
　｜ 塩 …… 小さじ⅕
　｜ 粗びき黒こしょう …… 少量
ミニトマト（へたをとる）…… 4個
温泉卵 …… 1個

作り方

1. なべに水3カップとひき肉、塩を入れて中火にかける。フツフツしてきたら菜箸でほぐしながら1分ほどゆでる。肉の色が変わったら網じゃくしなどでひき肉を取り出す。
2. 同じ湯で麺を表示通りにゆで、ざるに上げてボールに入れる。Aを加えて混ぜ合わせ、器に盛り、1とミニトマト、温泉卵をのせる。

DATA

調理時間
10分

リカバリー食材
麺
鶏ひき肉
卵

栄養価（1人分）
エネルギー 673kcal
たんぱく質 35.0g
脂質 25.2g
炭水化物 70.0g
カルシウム 66mg
鉄 2.6mg
塩分 2.7g

【memo】・鶏ひき肉はひき肉の中で最も低脂肪です。そのため、体脂肪を気にしている方や運動前の食事にもおすすめ。

第2章　chapter 3　筋肉を増やしたい

ミルフィーユみたいに重ねて！

豚肉とじゃが芋の重ね煮

豚肉のうまみがじゃが芋になじみ、
長時間煮込んだようなおいしさに。

材料（1人分）

豚ロース肉（薄切り）…… 100g
じゃが芋 …… 1個（150g）
玉ねぎ …… ¼個
サラダ油 …… 小さじ1
粗びき黒こしょう …… 少量
A｜（混ぜる）
　牛乳 …… ½カップ
　顆粒コンソメスープの素 …… 小さじ½
　塩 …… 小さじ⅛
　こしょう …… 少量

作り方

1. 豚肉は長さを半分に切る。じゃが芋は皮をむいて薄切りにする。玉ねぎは薄切りにする。
2. 直径20cmのフライパンにサラダ油をキッチンペーパーで塗り、玉ねぎ、じゃが芋、豚肉を2〜3層重ねて入れる。
3. Aを加えて中火にかけ、フツフツしてきたらふたをして弱火に10分かける。器に盛り、粗びき黒こしょうをふる。

【memo】・じゃが芋はスライサーを使って薄切りにすると、時短できます。
　　　　・牛乳はたんぱく質とともに、カルシウムも補えます。

DATA

調理時間
15分

リカバリー食材
じゃが芋
豚ロース肉
牛乳

栄養価（1人分）
エネルギー 536kcal
たんぱく質 24.8g
脂質 30.9g
炭水化物 36.8g
カルシウム 135mg
鉄 1.0mg
塩分 2.3g

第 2 章　**chapter 3**　筋肉を増やしたい

意外とカンタン！

サケとかぼちゃのホイル焼き

具を包んでしまえば、あとはオーブントースターにおまかせ！

材料（1人分）

- サケの水煮（缶詰）…… 140〜150g
- かぼちゃ …… 80g
- トマトケチャップ …… 大さじ1
- 塩・こしょう …… 各少量
- ピザ用チーズ …… 30g
- 卵 …… 1個

作り方

1. かぼちゃは7〜8mm厚さに切る。
2. 25cm四方のアルミ箔に、あれば25cm四方のオーブン用シートを重ねる。真ん中に1とサケを置いてケチャップを回しかけ、塩、こしょうをふる。チーズを散らし、卵を割り入れて包む。
3. オーブントースターで15分ほど焼く。

DATA

調理時間
20分

リカバリー食材
かぼちゃ　サケ
チーズ　卵

栄養価（1人分）
エネルギー 522kcal
たんぱく質 46.2g
脂質 26.1g
炭水化物 21.3g
カルシウム 508mg
鉄 2.2mg
塩分 2.7g

【memo】
・骨ごと食べられる缶詰のサケは、カルシウムも補給できる便利な食材です。
・アルミ箔だけで包むと、切れて汁が漏れてしまうことがあるので、オーブン用シートを重ねます。

chapter 4

骨を強くしたい

しっかりとした骨を作ることは、スポーツする人にとって非常に大切です。骨に必要な栄養が不足すると、疲労骨折のリスクが高まり、ジュニア期の身長の伸びにも影響が出てしまいます。骨のためにとるべき栄養は、カルシウムとたんぱく質。これらを含む食材を、毎日の食事に取り入れましょう。また、骨作りに欠かせない成長ホルモンは、寝ている間に多く分泌されるので、睡眠をしっかりとることも忘れずに！

食事のポイント

☑ **骨に役立つ食材をとる。**

骨の材料となる**カルシウム**と
たんぱく質を食べよう。

☑ **骨を弱くするものを避ける。**

カルシウムの吸収を邪魔してしまう
リン（食品添加物にも含まれる）や、
尿への排出を増やしてしまう
塩分のとり過ぎに注意。

ここで使った
リカバリー食材

\両方とれる！/
カルシウム＆
たんぱく質

魚介	サバの缶詰
乳製品	牛乳
	チーズ
豆類	大豆
	豆腐
	納豆
	油揚げ
その他	卵

カルシウム

魚介	ちりめんじゃこ
	シラス干し
	シシャモ
	桜エビ
海藻	ひじき
	海藻ミックス
野菜	小松菜
	水菜
	切り干し大根

第 2 章　chapter 4　骨を強くしたい

ソフトで食べやすい！

ひじきと小松菜のじゃこいため

ふりかけのように、
ごはんや豆腐などにかけてカルシウムアップ！

材料（作りやすい分量：2〜3回分）

ひじき（乾）…… 10g
小松菜 …… 100g
ごま油 …… 大さじ1
ちりめんじゃこ …… 50g
しょうゆ・みりん …… 各小さじ1
いり白ごま …… 大さじ1

作り方

1　ひじきはたっぷりの水に15分ほどつけて戻し、ざるに上げて水けをきる。小松菜は1〜2cm幅に刻む。
2　フライパンにごま油とちりめんじゃこを入れて中火にかけ、カリッとなるまでいためる。
3　ひじき、小松菜を順に加えていため、しょうゆとみりんで調味する。ごまを加えて混ぜ合わせ、器に盛る。

DATA

調理時間
20分

リカバリー食材
ひじき
小松菜
ちりめんじゃこ

栄養価（全量）
エネルギー 315kcal
たんぱく質 25.0g
脂質 19.2g
炭水化物 14.1g
カルシウム 640mg
鉄 4.8mg
塩分 4.7g

【memo】・小松菜を大根の葉に変えて作ってもOK。同様にカルシウムを補給できます。
・ごはんに混ぜ込んで、おにぎりにするのもおすすめ。

第 2 章　**chapter 4**　骨を強くしたい

第 2 章　chapter 4　骨を強くしたい

にんにくが決め手！

じゃこカプレーゼ

うまみたっぷりのじゃこを、
カリカリにいためてドレッシング代わりに。

材料（1人分）

- トマト …… ½個
- モッツァレラチーズ …… ½個（50g）
- オリーブ油 …… 大さじ ½
- にんにくのすりおろし …… 小さじ ¼
- ちりめんじゃこ …… 大さじ 1
- 粗びき黒こしょう …… 少量

作り方

1. トマトとチーズは7〜8mm幅の輪切りにし、交互にして器に盛る。
2. フライパンにオリーブ油とにんにくを中火で熱し、香りが立ったらじゃこを入れ、カリッとなるまでいためる。
3. 1に2をのせ、粗びき黒こしょうをふる。

DATA

調理時間
3分

リカバリー食材
チーズ
ちりめんじゃこ

栄養価（1人分）
エネルギー 224kcal
たんぱく質 11.9g
脂質 16.3g
炭水化物 7.2g
カルシウム 198mg
鉄 0.3mg
塩分 0.4g

【memo】
- カルシウムと野菜を献立にプラスしたいときにおすすめ。
- にんにくは市販のチューブ入りのものが便利です。

第 2 章　chapter 4　骨を強くしたい

フライパンでOK

シシャモのスティック春巻き

シシャモを丸ごと包んだ春巻きは、
魚が苦手でもパクパク食べられます。

材料（4本分）

春巻きの皮 …… 4枚
青じそ …… 4枚
シシャモ …… 4本
サラダ油 …… 大さじ2〜3

作り方

1. 春巻きの皮を角を手前にして置き、中心より少し手前に青じそとシシャモをのせる。手前からひと巻きし、皮の左右を内側に折ってさらに巻き、皮の縁に水をつけて向こう側まで巻く。
2. フライパンにサラダ油を中火で熱し、1の巻き終わりを下にして焼く。焼き色がついたら裏返して焼き、器に盛る。

DATA

調理時間
10分

リカバリー食材
シシャモ

栄養価（4本分）
エネルギー 387kcal
たんぱく質 11.0g
脂質 34.0g
炭水化物 6.2g
カルシウム 165mg
鉄 0.9mg
塩分 0.6g

【memo】・シシャモにしっかり味がついているので、味つけなしでもおいしく食べられます。

ビタミンAも豊富！

小松菜とベーコンの中華風ミルク煮

カルシウムもたんぱく質も一緒にとれる、
野菜の優等生メニュー。

材料（1人分）

小松菜 …… 100g
ベーコン …… 2枚
牛乳 …… ½カップ
A ｜ ごま油 …… 小さじ1
　｜ 顆粒鶏がらだし …… 小さじ½
　｜ 塩・こしょう …… 各少量
粗びき黒こしょう …… 適量

作り方

1. 小松菜は5cm長さに切る。ベーコンは3cm幅に切る。
2. なべに牛乳とAを入れて弱めの中火にかけ、フツフツしてきたら1を加えて2分ほど煮る。器に盛り、粗びき黒こしょうをふる。

DATA

調理時間
5分

リカバリー食材
小松菜
牛乳

栄養価（1人分）
エネルギー 179kcal
たんぱく質 11.0g
脂質 11.5g
炭水化物 8.8g
カルシウム 289mg
鉄 3.0mg
塩分 1.2g

【memo】・牛乳をそのまま飲むのが苦手な人は、料理に使ってカルシウムをとりましょう。

第 2 章　chapter 4　骨を強くしたい

新感覚サラダ！

切り干し大根と桜エビのいためサラダ

煮ものとはひと味違う、
切り干し大根のハリハリとした食感を楽しんで。

材料（作りやすい分量：約2回分）

- 切り干し大根（乾）…… 40g
- 桜エビ（乾燥）…… 10g
- にら …… 1束（100g）
- 好みのドレッシング（中華、フレンチなど）…… 大さじ3〜4

作り方

1. 切り干し大根は水に15分ほどつけて戻す。軽く水けを絞り、3〜4つに切る。にらは4〜5cm長さに切る。
2. フライパンにドレッシング大さじ2を中火で熱し、1の切り干し大根をいためる。全体がなじんだら桜エビとにらを加えていためる。
3. 味をみてドレッシング大さじ1〜2を加えて混ぜ合わせ、器に盛る。

DATA

調理時間
20分

リカバリー食材
切り干し大根
桜エビ

栄養価（全量）
エネルギー 385kcal
たんぱく質 12.2g
脂質 23.0g
炭水化物 35.0g
カルシウム 449mg
鉄 2.2mg
塩分 2.1g

【memo】
・ストックしておける切り干し大根や桜エビは、あと一品欲しいときに重宝します。
・市販のドレッシングは、味をみながら加えましょう。

第 2 章　chapter 4　骨を強くしたい

パクッと食べやすい！

シラス納豆のきつね焼き

こんがり焼いた油揚げの中には、
カルシウムとたんぱく質がたっぷり！

材料（1人分）

納豆 …… 1パック
シラス干し …… 大さじ2（20g）
卵 …… 1個
油揚げ …… 1枚
しょうゆ・練りからし …… 各適量

作り方

1. ボールに納豆とシラスを入れ、卵を割り入れてよく混ぜる。
2. 油揚げは半分に切って口を開き、1を½量ずつ詰め、つま楊枝で口を止める。
3. フライパンに2を並べて中火で熱し、ふたをして2分ほど焼き、裏返して同様に焼く。器に盛り、しょうゆと練りからしを添える。

DATA

調理時間
7〜8分

リカバリー食材
油揚げ　納豆
シラス干し　卵

栄養価（1人分）
エネルギー 286kcal
たんぱく質 24.6g
脂質 17.6g
炭水化物 6.2g
カルシウム 182mg
鉄 3.4mg
塩分 1.4g

【memo】
・たんぱく質のおかずをもう一品追加したいときにもおすすめ。
・油揚げは半分に切る前に菜箸や麺棒を押しつけて転がすと、口が開きやすくなります。

第 2 章　chapter 4　骨を強くしたい

野菜＆海藻たっぷり！

サバの海藻蒸し

骨ごと食べられるサバ缶に、
カルシウム素材の水菜と海藻を加えてアレンジ。

材料（1人分）

- サバの水煮（缶詰・190g入り）…… ½缶
- 海藻ミックス（乾）…… 1袋（15g）
- 水菜 …… 50g
- オリーブ油 …… 大さじ ½
- 塩 …… 少量
- 好みでレモンのくし形切り …… 1切れ

作り方

1. 海藻ミックスはたっぷりの水につけて戻し、ざるに上げて水けをきる。水菜は5cm長さに切る。
2. フライパンに1とサバを缶汁ごと入れ、オリーブ油を回しかける。強火にかけ、フツフツしてきたらふたをして4〜5分蒸す。
3. 器に盛って塩をふり、レモンを添える。

DATA

調理時間
10分

リカバリー食材
サバの缶詰
海藻ミックス
水菜

栄養価（1人分）
エネルギー 241kcal
たんぱく質 20.5g
脂質 15.3g
炭水化物 9.2g
カルシウム 436mg
鉄 3.3mg
塩分 4.1g

【memo】・水菜や海藻は、蒸すとかさが減るのでたっぷり食べられます。

chapter 5

貧血を予防したい

体のすみずみまで酸素を運んでいるのが、血液中のヘモグロビン。このヘモグロビンが少ないと、体は酸欠状態になり、貧血を起こしてしまいます。スポーツする人は、より多くの酸素を必要とするので、ヘモグロビンを増やすことが重要。まずはその材料となる鉄とたんぱく質の補給を心がけましょう。たくさん汗をかく人や、マラソンやサッカーのようにたくさん走る種目、体操や剣道のようにかかとへの物理的な衝撃が多い種目をやっている人は特に気をつけて。

食事のポイント

☑ **血液を作る食材をとる。**

血液中のヘモグロビンの材料となる**鉄とたんぱく質**をとろう。

☑ **鉄の吸収を後押し。**

鉄の吸収率をアップさせる**ビタミンC**も合わせてとろう。

☑ **鉄以外のビタミン・ミネラルも大事。**

造血に役立つ**葉酸、銅、ビタミンB6、ビタミンB12**も摂取。

ここで使ったリカバリー食材

\両方とれる!/
鉄＆たんぱく質

肉	牛もも肉、牛ひき肉
魚介	カツオ、アサリ、ツナ
豆類	大豆、納豆

たんぱく質

| 乳製品 | チーズ |
| その他 | 卵 |

\両方とれる!/
鉄＆ビタミンC

| 野菜 | ほうれん草、小松菜、ブロッコリー、パセリ |

鉄

| 果物 | プルーン |

ビタミンC

| 野菜 | トマト |
| 果物 | レモン、オレンジジュース |

多く含まれる食材
葉酸 ⇒ レバー、葉野菜、大豆に豊富
銅 ⇒ レバー、葉野菜、貝類（特にカキ）、魚に豊富
ビタミンB6 ⇒ レバー、肉、魚に豊富
ビタミンB12 ⇒ レバー、牛乳、卵、海藻に豊富

※レバーは、鉄やその他のビタミン・ミネラルを非常に多く含みます。貧血予防の代表食材ですが、とり過ぎには注意して。貧血予防であれば週1回、貧血になっているのであれば週2回程度の摂取を目安にしましょう。

第 2 章　chapter 5　貧血を予防したい

チーズと相性よし！

牛肉とほうれん草のチーズソテー

貧血予防に欠かせない栄養が、
この一皿にギュッと詰まっています。

材料（1人分）

牛もも肉（焼き肉用）…… 100〜120g
A｜にんにくのすりおろし …… 小さじ¼
　｜塩・粗びき黒こしょう …… 各少量
ほうれん草 …… 80g
オリーブ油・しょうゆ …… 各小さじ1
カッテージチーズ …… 30g

作り方

1　牛肉はAをもみ込む。ほうれん草は3cm幅に切る。
2　フライパンにオリーブ油を中火で熱し、牛肉を並べて両面を焼く。肉を片側に寄せてほうれん草を加えていため、しょうゆをふって混ぜる。
3　カッテージチーズを加えて全体を混ぜ合わせ、器に盛る。

DATA

調理時間
5分

リカバリー食材
牛もも肉
ほうれん草
カッテージチーズ

栄養価（1人分）
エネルギー 289kcal
たんぱく質 38.1g
脂質 12.2g
炭水化物 4.7g
カルシウム 64mg
鉄 5.6mg
塩分 1.7g

【memo】・カッテージチーズは、脂質を抑えてたんぱく質を強化したいときに活用したい食材です。

第 2 章　chapter 5　貧血を予防したい

第 2 章　chapter 5　貧血を予防したい

葉酸もとれる！

ブロッコリーの牛ひき肉いため

オイスターソースとケチャップで、
ごはんによく合うコクのある味つけに。

材料（1人分）

- 牛ひき肉 …… 100g
- ブロッコリー（ゆでる）…… 100g
- ごま油 …… 小さじ1
- A（混ぜる）
  - オイスターソース・トマトケチャップ …… 各大さじ½
  - 塩 …… 少量

作り方

1. フライパンにごま油を中火で熱し、ひき肉をいためる。
2. 肉の色が変わったらブロッコリーを加えていため合わせ、Aを加えて混ぜ合わせ、器に盛る。

冷凍ブロッコリーでもOK

【memo】
・ブロッコリーは鉄とビタミンCに加え、赤血球の生産を助ける葉酸も多く含みます。
・冷凍ブロッコリーは解凍せずにそのまま使えます。解凍までに少し時間がかかるので、しっかりといためて。

DATA

調理時間
5分

リカバリー食材
牛ひき肉
ブロッコリー

栄養価（1人分）
エネルギー 355kcal
たんぱく質 21.4g
脂質 25.5g
炭水化物 8.3g
カルシウム 42mg
鉄 3.3mg
塩分 1.7g

第 2 章　chapter 5　貧血を予防したい

包丁は使いません！

牛ひき肉と大豆のドライカレー

牛肉のうまみを生かしたカレーは、簡単なのに本格派！

材料（1人分）

ごはん …… 茶碗 1 杯分（200g）
牛ひき肉 …… 150g
大豆（ドライパック）…… 30g
サラダ油 …… 小さじ 1
にんにくのすりおろし …… 小さじ ½
しょうがのすりおろし …… 小さじ ½
ミニトマト（へたをとる）…… 4〜5個
A｜カレー粉 …… 小さじ 1
　｜トマトケチャップ・中濃ソース
　｜　…… 各大さじ ½
　｜塩 …… 少量

【memo】・にんにく、しょうがのすりおろしは、市販のチューブ入りが便利です。
　　　　・カレーの香りで食欲が刺激され、食が進みます。

作り方

1. フライパンにサラダ油とにんにく、しょうがを入れて中火で熱し、香りが立ったらひき肉を加えていためる。
2. 肉の色が変わったらミニトマト、Aを順に加えていため、大豆を加えていため合わせる。
3. 器にごはんを盛り、2をかける。

DATA

調理時間
7〜8分

リカバリー食材
牛ひき肉
大豆
トマト

栄養価（1人分）
エネルギー 879kcal
たんぱく質 36.2g
脂質 39.4g
炭水化物 87.2g
カルシウム 61mg
鉄 5.5mg
塩分 1.4g

パセリは鉄たっぷり

カツオのたたき パセリレモンソース

鉄の多いカツオにパセリのソースをかけてさらに鉄アップ。

材料（1人分）

カツオのたたき …… 100g
A （混ぜる）
　パセリのみじん切り
　　…… 大さじ2（5g）
　レモン汁・しょうゆ・オリーブ油
　　…… 各大さじ ½

作り方

1. カツオは1cm幅に切り、器に盛る。
2. Aをかける。

DATA

調理時間
3分

リカバリー食材
カツオ
パセリ
レモン

栄養価（1人分）
エネルギー 179kcal
たんぱく質 26.7g
脂質 6.5g
炭水化物 2.0g
カルシウム 30mg
鉄 2.5mg
塩分 1.4g

【memo】・パセリは1枝（14g）あたり、鉄1.1mg、ビタミンC17mgを含みます。
つけ合わせについてきたら残さず食べましょう。

うまみがすごい!

アサリと小松菜の卵とじ

卵は半熟で火を消すのがポイント。
ごはんにのせれば鉄たっぷりのどんぶりに。

材料（1人分）

- 小松菜 …… 30g
- 卵 …… 1個
- アサリの水煮（缶詰）…… 30g
- アサリの缶汁 …… 大さじ2
- めんつゆ（3倍希釈タイプ）…… 大さじ½

作り方

1. 小松菜は3cm長さに切る。卵は割りほぐす。
2. フライパンにアサリとアサリの缶汁、小松菜、めんつゆを入れて中火にかけ、フツフツしてきたら1分ほど煮る。
3. 溶き卵を回し入れ、ふたをして1分ほど弱火にかけ、器に盛る。

DATA

調理時間
5分

リカバリー食材
アサリ
小松菜
卵

栄養価（1人分）
エネルギー 129kcal
たんぱく質 13.8g
脂質 6.5g
炭水化物 3.1g
カルシウム 113mg
鉄 10.8mg
塩分 1.3g

【memo】・アサリの水煮缶を使えば、下準備に手間がかからず便利です。

第 2 章　chapter 5　貧血を予防したい

絶妙なコンビネーション

ブロッコリーとツナの納豆あえ

3つの食材を組み合わせて鉄を補給。
ツナ缶が味のまとめ役です。

材料（1人分）

- ブロッコリー（ゆでる）…… 100g
- ツナ（缶詰・ノンオイル）…… 小1缶（70g）
- 納豆 …… 1パック
- ポン酢しょうゆ（市販）…… 大さじ ½

冷凍ブロッコリーでもOK

作り方

1. ツナは缶汁を軽くきる。
2. ボールに納豆を入れて混ぜ、残りの材料をすべて加えて混ぜ合わせ、器に盛る。

DATA

調理時間
2分

リカバリー食材
<u>ブロッコリー</u>
<u>納豆</u>
<u>ツナ</u>

栄養価（1人分）
エネルギー 171kcal
たんぱく質 22.4g
脂質 5.4g
炭水化物 10.4g
カルシウム 80mg
鉄 2.7mg
塩分 0.8g

【memo】・ツナはノンオイルを選び、ドレッシングではなくポン酢しょうゆであえると、脂質を抑えられます。
・動物性たんぱく質（ツナ）は、鉄の吸収率をアップさせる働きがあります。

chapter 5 貧血を予防したい

電子レンジで！

さつま芋とプルーンのオレンジ煮

炭水化物と鉄をおいしく補える、
補食にぴったりの簡単スイーツです。

材料（1人分）

さつま芋 …… 100g
プルーン …… 2〜3個
オレンジジュース（果汁100%）…… ½カップ

作り方

1. さつま芋は2㎝幅の輪切りにし、さっと洗う。
2. 大きめの耐熱ボールにすべての材料を入れてラップをかけ、電子レンジ（600W）に2分30秒かける。全体を混ぜてさらに2分加熱する。粗熱が取れたら器に盛る。

DATA

調理時間
5〜6分

リカバリー食材
プルーン
オレンジジュース

栄養価（1人分）
エネルギー 188kcal
たんぱく質 2.1g
脂質 0.3g
炭水化物 45.8g
カルシウム 47mg
鉄 0.8mg
塩分 0.0g

【memo】
・オレンジジュースを使うと、砂糖を加えなくても甘みが加わります。
・オレンジジュースのビタミンCで鉄の吸収もアップ。

chapter 6
あると便利な野菜の作り置きメニュー

ビタミンやミネラルがとれる野菜のおかずは、毎回の食事に欠かせません。
そのつど作ると手間がかかるので、時間があるときにまとめて作りましょう！

パプリカとピーマンのおかかいため

3種を組み合わせることで
彩りがよくなり、栄養効果もアップ！

材料（作りやすい分量）

赤・黄パプリカ …… 各1個
ピーマン …… 3個
サラダ油 …… 小さじ1
A ｜（混ぜる）
　｜しょうゆ・みりん …… 各大さじ1
削りガツオ …… 5g

冷蔵保存
4〜5日

作り方

1. パプリカとピーマンはへたと種を除き、細切りにする。
2. フライパンにサラダ油を中火で熱し、1をいためる。しんなりとしたらAを加えて混ぜ、削りガツオを加えて混ぜ合わせる。

DATA

調理時間
5分

栄養価（⅙量）
エネルギー 46kcal
たんぱく質 1.9g
脂質 1.0g
炭水化物 8.1g
カルシウム 9mg
鉄 0.5mg
塩分 0.5g

【memo】
・のどや鼻の粘膜の調子を整え、抵抗力を強めるビタミンAと、
　コラーゲンを作るのに必要なビタミンCを多く含みます。

マッシュかぼちゃ

ビタミンAが豊富なかぼちゃ。
つぶしておけばいろいろなメニューに使える!

材料（作りやすい分量）

かぼちゃ …… ¼個（500g）
塩 …… 小さじ½
こしょう …… 少量

冷蔵保存
3〜4日

作り方

1 かぼちゃは種とわたを取り除き、耐熱ボールに入れてラップをかけ、電子レンジ（600W）に10分かける。
2 皮ごとフォークなどでつぶし、塩、こしょうを加えて混ぜ合わせる。

DATA

調理時間
12分

栄養価（¼量）
エネルギー 114kcal
たんぱく質 2.4g
脂質 0.4g
炭水化物 25.8g
カルシウム 19mg
鉄 0.6mg
塩分 0.8g

かぼちゃの豆乳スープに！

なべに「マッシュかぼちゃ」50g、豆乳½カップ、ウインナソーセージ2本を入れ、中火にかけて温める。

【memo】・牛乳や豆乳で溶き伸ばしてスープに。パンに挟んでサンドイッチに。ほかの具を混ぜてサラダにするのもおすすめ。

ひじきとオクラのサケフレークあえ

冷蔵保存
3〜4日

カルシウムのちょい足しにうってつけ。
サケフレークがおいしさの決め手。

材料（作りやすい分量）

ひじき（乾） …… 30g
オクラ …… 10本（120g）
サラダ油 …… 小さじ1
サケフレーク …… 50g
A｜しょうゆ・みりん …… 各大さじ1
　｜砂糖 …… 大さじ½

DATA

調理時間
20分

栄養価（¼量）
エネルギー 67kcal
たんぱく質 3.6g
脂質 2.1g
炭水化物 11.4g
カルシウム 115mg
鉄 0.8mg
塩分 1.0g

【memo】
・ごはんに混ぜておにぎりにしたり、卵焼きの具にしたりするなど、アレンジもできます。

作り方

1 ひじきはたっぷりの水に15分ほどつけて戻し、ざるに上げて水けをきる。オクラは包丁でがくのまわりをむき、小口切りにする。
2 フライパンにサラダ油を中火で熱し、1を加えて炒める。Aを加えて混ぜ、サケフレークを加えていため合わせる。

第 2 章　chapter 6　あると便利な野菜の作り置きメニュー

にんじんとツナの蒸し煮

にんじんとツナは相性抜群。
苦手な人でもグッと食べやすくなります。

材料（作りやすい分量）

にんじん …… 2本（300g）
ツナ（缶詰・オイル漬け）…… 小2缶（140g）
水 …… 大さじ2
塩 …… 小さじ¼

作り方

1. にんじんは皮をむき、5㎜幅の半月切りにする。
2. フライパンに1とツナを缶汁ごと入れ、水を回し入れて中火にかける。
3. フツフツしてきたらふたをして弱めの中火で7分ほど蒸す。塩を加えて全体を混ぜ合わせる。

冷蔵保存 4〜5日

DATA

調理時間 15分

栄養価（⅕量）
エネルギー 94kcal
たんぱく質 5.4g
脂質 6.2g
炭水化物 4.4g
カルシウム 28mg
鉄 0.3mg
塩分 0.6g

【memo】
・ツナ缶のオイルで、にんじんのビタミンAの吸収率が高まります。

簡単ピクルス

好みの生野菜をドレッシングに漬けるだけ。
さっと作れるのが魅力です。

材料（作りやすい分量）

大根、にんじん、セロリなど
　…… 合わせて300g
好みのノンオイルドレッシング
　（青じそなど）…… ¼カップ

作り方

1. 野菜は皮をむいて一口大に切り、ポリ袋に入れる。
2. 1にドレッシングを加えて口を閉じ、10分ほど漬ける。

冷蔵保存 4〜5日

DATA

調理時間 12分

栄養価（⅒量）
エネルギー 11kcal
たんぱく質 0.4g
脂質 0g
炭水化物 2.3g
カルシウム 12mg
鉄 0mg
塩分 0.4g

【memo】
・市販のドレッシングなら酸味がマイルドなので、すっぱいものが苦手な人でも大丈夫。

野菜スープの素

コンソメ味をつけているので、
熱湯や牛乳を加えるだけで完成!

材料（作りやすい分量）

好みの野菜（合わせて約1kg）
- 玉ねぎ …… ½個
- セロリ …… 1本
- にんじん …… ½本
- エリンギ …… 1パック
- キャベツ …… 3～4枚
- トマト …… 2個

ベーコン …… 100g
オリーブ油 …… 大さじ1
にんにくのすりおろし …… 小さじ1
A ｜ 顆粒コンソメスープの素 …… 小さじ1
　｜ 塩 …… 小さじ½
こしょう …… 少量

作り方

1. 野菜はすべて1.5cm角くらいに切る。ベーコンは1.5cm幅に切る。
2. なべにオリーブ油とにんにくを中火にかけ、香りが立ったらベーコン、野菜を順に加えていためる。
3. 全体がなじんだらAを加えていため合わせ、ふたをして弱めの中火で10分ほど煮る。粗熱が取れたら保存容器に入れる。

クラムチャウダーや具だくさんスープに!

「野菜スープの素」100gと牛乳½カップ、アサリの水煮20gを入れて温めれば、クラムチャウダーになります。ササッと具だくさんスープを作りたいときは、なべに「野菜スープの素」100gと水½カップを入れて温めて。

【memo】
・野菜は冷蔵庫に中途半端に残っているものを、なんでも入れてOKです。

冷蔵保存 4～5日

DATA

調理時間
20分

栄養価（⅙量）
エネルギー 107kcal
たんぱく質 5.5g
脂質 5.7g
炭水化物 11.2g
カルシウム 36mg
鉄 0.5mg
塩分 1.6g

Column

2

トップアスリートは朝からしっかり食べている!

世界の舞台で活躍しているトップアスリートは、どんな食事をしているのでしょうか。下記の3人の朝食メニューをご覧ください。共通点が何かわかりますか?

競技種目は違っても「ごはん」「おかず」「野菜」「乳製品」の4つをしっかり食べ、人によっては「果物」を取り入れていますよね。トップアスリートだからといって、特別なものを食べたり飲んだりしているわけではないのです。

また、トップアスリートたちは「体重を頻繁に量って食事量をコントロールする」「ジュースは基本的に飲まない」「夜更かししない」などの生活習慣も共通しています。これからスポーツを頑張りたい人は、ぜひ参考にしてみてください。

陸上選手 元日本代表の場合
- ごはん1合分
- 豚汁
- 納豆1パック
- 卵2個
- ほうれん草のおひたし
- 牛乳200ml
- ヨーグルト200ml
- フルーツ

サッカー 元日本代表選手の場合
- ごはん(青菜のふりかけ)
- みそ汁
- 温泉卵
- 納豆
- ウインナソーセージ
- 卵豆腐
- シラス干し
- メザシ
- キャベツ
- トマト
- 切り干し大根
- れんこんのきんぴら
- ヨーグルト
- フルーツ

ラグビー 元日本代表選手の場合
- ごはん1.5合分
- 納豆
- 卵
- ピーマンとしいたけの肉詰め(夕食の残り)
- 低脂肪牛乳

リカバリーごはん◯×クイズ　Part 2

ヒントは P49〜103 のどこかにあります！

1	疲労を残さないためには、 「炭水化物」と「脂質」をとるといい。	ホント or ウソ
2	豚肉には、炭水化物をエネルギーに 変えるのに必要なビタミン B_1 が含まれている。	◯ or ×
3	スタミナをつけたいときは、 「グリコーゲン」を筋肉中からなくす必要がある。	◯ or ×
4	スタミナをつけるためには、 できるだけ高脂肪を心がける。	◯ or ×
5	筋肉をつけるのに必要なのは、 「炭水化物」と「たんぱく質」である。	◯ or ×
6	高たんぱく質・低脂肪の鶏胸肉は、 筋肉作りにおすすめの食材である。	◯ or ×
7	骨を丈夫にするためには、 「カルシウム」だけとればいい。	◯ or ×
8	リン（食品添加物にも含まれる）や塩分の とり過ぎは骨を弱くする。	◯ or ×
9	スポーツする人は 貧血に気をつける必要はない。	◯ or ×
10	貧血を予防する栄養は、 おもに「鉄」「たんぱく質」「ビタミンC」である。	◯ or ×

→ 答えは P106 へ

リカバリーごはん○×クイズ Part 2

【 答え 】

番号	答え	解説
1	ウソ	エネルギー補給のために「炭水化物」、筋肉のメンテナンスのために「たんぱく質」をとると、すばやく回復できます。
2	ホント	豚肉に多く含まれているビタミンB_1は、炭水化物をエネルギーに変える助けになります。
3	ウソ	エネルギーの源となる「グリコーゲン」を筋肉中に蓄える必要があります。持久力を高めるトレーニング後に炭水化物を補給しましょう。
4	ウソ	スタミナをつけたいときは、低脂肪を心がけましょう。炭水化物多め・脂質少なめがグリコーゲン貯蔵量を増やします。
5	ホント	筋トレで使ったエネルギーを「炭水化物」で補い、筋トレで傷ついた筋肉を「たんぱく質」で修復すると筋肉がつきます。
6	ホント	鶏胸肉は筋肉作りに活用したい食材です。肉類の中では、豚ロース肉、鶏ひき肉などもおすすめです。
7	ウソ	「カルシウム」だけでなく、「たんぱく質」も合わせてとることが強い骨を作るために大切です。
8	ホント	リンや塩分のとり過ぎは骨を弱くするので注意しましょう。カルシウムを積極的にとっても台無しになってしまいます。
9	ウソ	スポーツをする人は多くの酸素を必要とします。血液中のヘモグロビンが少ないと貧血を起こしてしまうので、貧血対策は必要です。
10	ホント	血液中のヘモグロビンの材料となる「鉄」と「たんぱく質」、鉄の吸収率をアップさせる「ビタミンC」が、貧血予防に役立ちます。

第 3 章

正しく理解しよう！スポーツ栄養の気になるトピックス

食事に対する関心が高まると、「体重を減らすには？」「筋肉を増やすには？」「プロテインって飲むべき？」など、いろいろな疑問が出てきます。年齢や体格、競技種目などが違うため、答えは１つではありませんが、大事なことは、自分の状況と照らし合わせて判断すること。そのためのヒントとなるようなトピックスをご紹介します。

第3章　正しく理解しよう！　スポーツ栄養の気になるトピックス

減らしたい人も増やしたい人も注目！
【体重コントロール】

体重を減らすときに気をつけることは？

体重（体脂肪）を減らしたいときに、食事面で特に気をつけたいポイントは「砂糖と油（脂）」と「食べる時間帯」です。

「砂糖と油（脂）」を具体的にいうと、砂糖は菓子類やジュース、油（脂）は揚げ物やマヨネーズやオイル入りのドレッシング、ナッツ類などです。この2つを一緒にとると、体脂肪がつきやすいといわれています。つまりジュースと一緒に、スナック菓子や洋菓子、チョコレートなどを食べてしまうと……、この先は想像がつきますよね。

「食べる時間帯」は、自律神経がポイントになります。基本的に日中は交感神経、夜は副交感神経が優位に働いています。交感神経が優位になると、体温や血圧が上がり、心拍数が高くなり、エネルギーが消費されやすくなります。一方、副交感神経が優位になると、体温や血圧は下がり、心拍数は低くなるとともに、腸での栄養吸収が高まります。そのため、夜は日中に比べて体脂肪になりやすいといえます。

体脂肪を減らしていく目安は、うまくいって月にマイナス1～2kgです。それ以上の体重減少は、筋肉が減ってしまっていると考えられます。筋肉が落ちると基礎代謝も落ちて、リバウンドしやすくなってしまうので、体重を減らしたいときは、少しずつ体脂肪を落とすようにしましょう。

- ☑ ジュースとスナック菓子の組み合わせは、体脂肪になりやすい。
- ☐ 甘い物や揚げ物を食べるなら、夜より昼間にする。
- ☐ 体重を一気に減らすと筋肉も減り、リバウンドしやすくなる。

体重を増やすときに気をつけることは?

筋肉をつけて体重を増やすためのポイントは、筋肉に刺激を与えるような運動、つまり筋トレなどをした上で、今より炭水化物とたんぱく質を多くとることです。

筋肉をつけようとして、鶏胸肉や赤身肉などのたんぱく質を極端にたくさんとる人がいますが、とり過ぎれば体脂肪として貯蔵されてしまいます。また、プロテイン(サプリメント)を飲み始める人もいますが、食事量が十分でなければ、筋肉のためではなく、エネルギー源として使われてしまいます。ですから、まずは食事を十分にとりましょう。

太りにくい体質だからと、砂糖や油をたくさん食べる方法で体重を増やそうとする人もいますが、砂糖や油の「おいしい」という脳への刺激は、くせになりやすい性質があります。そのため、気づいたときには食べるのをやめられなくなっていて、体脂肪の増加が止まらないということにもなりかねません。また、健康という観点では、いわゆる生活習慣病を引き起こしかねないので、おすすめはできません。

筋肉量アップの目安は、うまくいって月にプラス1〜2kg。運動と食事で少しずつ増やしていくのが理想です。

- [✓] 筋肉をつけたいなら、筋トレ＋炭水化物＆たんぱく質が基本。
- [ ] たんぱく質やプロテインに頼らず、食事をきちんとする。
- [ ] 砂糖や油を増やし過ぎると、生活習慣病につながってしまう。

糖質オフやプロテインについて知ろう

【筋肉量アップ】

ごはんを抜いてたんぱく質を増やすとどうなる？

筋肉をつけるためには、まずは筋肉痛を起こすような運動が必要。筋肉痛とは、トレーニングによって筋肉が傷ついたことによる痛みです。傷ついた筋肉が同じ強度のトレーニングでも傷つかないように強くなると、筋肉量が増えます。

筋肉をリカバリーするために必要な食事は、エネルギー補給（炭水化物）＋筋肉の修復に必要な栄養素（たんぱく質）です。たんぱく質のみでは、筋肉は思うように増やすことができません。

ごはんなどの炭水化物をとらないで、体脂肪を減らそうとするケースをよく見かけますが、実施するなら寝る前の食事のみにしておきましょう。炭水化物をとる量が少なすぎると、たんぱく質をエネルギー源として使ってしまいます。つまり、筋肉を分解してエネルギー源としてあてがってしまうのです。トレーニングをすればするほど、筋肉量が減ってしまうのは残念なこと。そうならないように、炭水化物もしっかりとりましょう。ただし、炭水化物もたんぱく質もとり過ぎれば、体脂肪として貯蓄されてしまうので、少しずつ増やす必要があります。

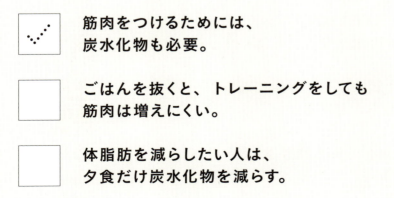

- ☑ 筋肉をつけるためには、炭水化物も必要。
- ☐ ごはんを抜くと、トレーニングをしても筋肉は増えにくい。
- ☐ 体脂肪を減らしたい人は、夕食だけ炭水化物を減らす。

スポーツする人にプロテインは必要？

少なくともスポーツをするジュニアアスリート（小学生〜中学生）にとって、プロテイン（サプリメント）は必要ないと考えます。食材からの摂取で十分にまかなえるからです。成長してトレーニング量が増えれば、それに合わせて食事量を増やす必要があります。しかし、子どものときからプロテインに頼っていると、食事量を増やしたくても食べることができず、食事への意識も間違った方向に行きかねません。

大人の場合でも、週4〜5回、1回30分程度の運動であれば、プロテインはまず不要でしょう。特に、健康診断の値を改善しようと始めたのであれば、プロテインを導入するかどうかは慎重に検討すべきです。なぜなら、プロテインをとり過ぎると、肝臓や腎臓に負担をかけてしまうことがあるからです。また、体脂肪の増加にもつながりかねません。

それでは、プロテインが必要なタイミングはいつでしょう。それは、アスリートまたはアスリート並みに運動している人が、これ以上食事量を増やすと食事が苦痛になるときです。食の細いジュニアアスリートの場合は、食事回数を増やして一日の食事量を増やすことが大切ですが、それ以上に重要なのは食事に無関心にならず、「食べないと強くなれない。だからしっかり食べよう」と自らが感じることです。

- ✓ ジュニアアスリートはプロテインに頼らない食生活を。

- ☐ プロテインは肝臓や腎臓に負担をかける。

- ☐ 食事を増やすのが苦痛になったらそのときにプロテインを考える。

第3章 正しく理解しよう！ スポーツ栄養の気になるトピックス

疲労回復のために飲むべき！?
【クエン酸とアミノ酸について】

クエン酸は疲労を回復しない！?

かつて、クエン酸は乳酸を除去し、疲労を回復する栄養素として積極的にすすめられていましたが、現在では異なります。じつはクエン酸をとっても、乳酸は除去されません。また、乳酸は疲労物質として理解されていましたが、最近では、乳酸は筋肉痛を引き起こす物質ではないことがわかっています。むしろ、乳酸はエネルギー源として再利用されているのです。

したがって、運動後のクエン酸は、疲労回復に直結するものではないと考えられます。でも、クエン酸のさっぱりとした酸味は食欲を増進させる効果や、グリコーゲンの貯蔵量アップを後押しする作用があるので、クエン酸を含むレモンや梅干しなどをとることは無意味ではありません。

クエン酸を多く含むものにオレンジジュースがありますが、運動後に水分補給として飲んでしまうと糖分過剰になり、特に食の細い人は食欲が落ちて食事量が減り、栄養バランスが崩れてしまいかねません。決してオレンジジュースは悪いものではありませんが、飲むタイミングとしては、食後のフルーツとして考えるほうがいいでしょう。飲む量も、100㎖入りくらいの小さなパックにしたほうが、糖分のとり過ぎになりません。

☑ クエン酸をとっても、乳酸は除去されない。

☐ 乳酸は疲労物質ではなく、エネルギーとして再利用される。

☐ クエン酸をとることは無意味ではない。

アミノ酸サプリメントの効果は？

最近では、アミノ酸を売りにしたサプリメント商品が数多くあります。アミノ酸とは、たんぱく質を作っている成分です。なかでも有名なのがBCAA。そのポイントを挙げると、
①BCAAとは、9種類の必須アミノ酸（体内で合成されないアミノ酸）のうちの3つ、バリン、ロイシン、イソロイシンの総称である。
②BCAAは必須アミノ酸のなかで唯一、筋肉のエネルギー源になる。
③筋肉を構成している必須アミノ酸の約30～40％がBCAAである。
④長時間の運動時には、筋肉のたんぱく質分解を抑制し、おもに筋肉でエネルギー源となる。
⑤筋たんぱく質の合成を促進するなど、筋肉のコンディションをサポートするという報告もある。
これらにより、運動時のエネルギー源として運動前や運動中にとるとよい（④より）。また、筋肉のコンディショニングとして運動後に飲むとよい（⑤より）といえるでしょう。
BCAAは、バリン：ロイシン：イソロイシン＝1：2：1の比率でとるのが理想ですが、じつは魚や卵、牛乳もこの比率に近い食材です。そのため、食事から十分なたんぱく質がとれているのであれば、アミノ酸サプリメントは不要でしょう。安価なものではないので、何にでも効くおまじないのように飲むのではなく、アミノ酸をとるべき運動量かどうかを考えてから飲むことをおすすめします。

- ☑ BCAAは長時間の運動時に筋肉が壊れるのを防ぐ。
- ☐ BCAAはエネルギー源にもなる。
- ☐ BCAAは魚、卵、牛乳にも含まれている。

意外と知らない正しいとり方
【水分補給】

スポーツドリンクと水、どっちをとるべき？

暑い時期でなければ、1時間未満の運動中の水分補給は水で十分です。一方、1時間以上の運動や発汗量が多いときの水分補給は、スポーツドリンクと水を組み合わせましょう。最も大切なのは、目的に合ったとり方をすること。水分補給をしたいなら水、水分補給とともにエネルギー補給もしたいならスポーツドリンク、汗をたくさんかいて塩分補給をしたいならスポーツドリンクがいいでしょう。もし、ダイエットのために運動をしていて、エネルギー補給はせずに、水分と塩分のみ補給したいのであれば、カロリーゼロのスポーツドリンクをチョイスして。
スポーツドリンクのメーカーは、水分補給がスムーズになるよう、薄めずに飲むことをすすめています。しかし、発汗量が多いときにそのまま飲むと、味が濃いと感じてしまうこも。運動中で水分補給を目的としているのであれば、自分が飲みやすい濃度（薄めたもの）にすることをおすすめします。逆に、サッカーやラグビーなど、ハーフタイム中にエネルギー補給もしておきたい場合は、薄めずに飲んだほうがいいでしょう。
たまに、試合前日の熱中症予防の水分補給として「経口補水液」を渡しているという話を耳にしますが、経口補水液は脱水症状になったときの緊急時の飲み物です。脱水症状を予防するものではありません。

 水分、エネルギー、塩分、何を補給したいかを考える。

 1時間未満の運動なら、水だけで十分（夏場は除く）。

 経口補水液は熱中症を予防するものではない。

ジュースで水分補給はダメ？

結論からいうと、ジュースで水分補給することはおすすめしません。まずは、ジュースに含まれている栄養を確認してみましょう（資料1参照）。この表にある炭水化物は、砂糖に値するものです。炭酸飲料も100％果汁ジュースも、500mlあたり大さじ5~6の砂糖が含まれていることがわかります。

100％果汁ジュースには砂糖が含まれていませんが、大人が1日に必要な果物の量は約200gです。これはオレンジなら約1個、キウイフルーツなら約2個、みかんなら約3個にあたります。オレンジ1個から搾り出される果汁は約90ml。グビグビッと飲んでしまうよりも、生の果物から食べた方が、糖分をとり過ぎる心配がなさそうです。

話は変わりますが、糖分のとり過ぎはイライラしたり、キレやすくなったりする一因といわれることが気がかりです。砂糖もごはんも炭水化物に分類されますが、砂糖は腹持ちが悪い炭水化物、ごはんは腹持ちが良い炭水化物です。おなかが空いた時（＝血糖値が下がった状態）、砂糖でエネルギー補給をすると、急激に血糖値が上がりますが、すぐに下がります。この血糖値の急激な上がり下がりが、情緒不安定や集中力低下、倦怠感、無気力につながりかねないと危惧します。そういったことからも、ジュースで水分補給をするのは避けましょう。

 糖分の多いジュースで水分補給をしてはダメ。

 ジュースには500mlあたり大さじ5~6の砂糖が含まれている。

 糖分のとり過ぎはさまざまな弊害をもたらす可能性も。

資料1

500ml当たり	エネルギー	たんぱく質	脂質	炭水化物
	kcal	g	g	g
炭酸飲料	230	0.5	0.0	57.0
100％果汁ジュース	210	3.5	0.5	53.5
30％果汁ジュース	205	1.0	0.0	50.0
スポーツドリンク	95	0.0	0.0	25.0

働きを知ると食べたくなる！
【野菜の役割】

なぜ野菜を食べなきゃいけないの？

健康のために野菜は欠かせない食材です。スポーツしている人は特に緑黄色野菜を意識してとりましょう。色の薄い野菜(淡色野菜)に比べて、色の濃い野菜(緑黄色野菜)には、コラーゲン合成や骨形成、鉄吸収、抗酸化作用に関わるビタミンCのみならず、鼻やのどの粘膜を正常に保ち、風邪から身を守るビタミンAが多く含まれています。つまり緑黄色野菜は、コンディションを整えるのに重要な役割を果たしているのです。

表(資料2)は代表的な緑黄色野菜※です。いろいろな選手をサポートするなかで、野菜の摂取量が少ない選手は風邪をひきやすいと感じます。一概に栄養不足の影響といえませんが、野菜が足りていないと感じる場合は、野菜350g中、緑黄色野菜1/3量(健康維持のため)～1/2量(運動している人)をとることを目安に、積極的に食べましょう。

資料2

β-カロテン量 (μg/生100gあたり)	代表的な緑黄色野菜
5000～	青じそ／にんじん／モロヘイヤ／バジル／パセリ
3000～4999	西洋かぼちゃ／小松菜／春菊／にら／ほうれん草／糸三つ葉
2000～2999	かぶ(葉)／クレソン／ケール／サラダ菜／サニーレタス／チンゲン菜／菜の花／小ねぎ／わけぎ
1000～1999	エンダイブ／水菜／せり／貝割れ菜／赤ピーマン／葉ねぎ／根三つ葉
600～999	あさつき／オクラ／日本かぼちゃ／ミニトマト／ブロッコリー／芽キャベツ
600未満	グリーンアスパラガス／さやいんげん／さやえんどう／ししとうがらし／トマト／青ピーマン

※βカロテン(ビタミンAに変換されて作用する)が100g中に600μg以上ある野菜を緑黄色野菜という。600μg未満のものでも、1回に食べる量が多かったり食べる頻度が高かったりするものは緑黄色野菜として扱われている。

- ☑ 野菜のビタミンはコンディションを整えるのに欠かせない。
- ☐ 1日350g以上を目安にとる。
- ☐ 1/3～1/2量を各種ビタミンを含む緑黄色野菜にする。

青汁や野菜ジュースで代用できる？

野菜は、ビタミンやミネラルだけでなく、食物繊維もとることができます。食物繊維は、以前は食べ物の残りカスとされてきましたが、最近は便秘を予防したり、腸内の善玉菌を増やしたりするなど、腸内環境を整えるものとして評価されています。

青汁はおもに緑黄色野菜を原料にしているため、ビタミンCやAをとる事はできますが、野菜を食べるのと同じように食物繊維をとることはできません。そのため、青汁だけ飲んで野菜を食べないと、食物繊維が不足してしまいます。野菜ジュースも同様です。ですから、食材から野菜を食べた上で、必要に応じて青汁や野菜ジュースをとるようにしましょう。

- ☑ 野菜の食物繊維は腸内環境を整える。
- ☐ 青汁や野菜ジュースでは食物繊維の量は不十分。
- ☐ 野菜はまずは食材からとることが大切。

やっぱり我慢するべき？
【間食とお酒について】

小腹が空いたとき、間食をしてもいい？

幼児期は1回に食べられる食事量が限られるため、3食では十分な食事量がとりづらくなります。だからこそ、間食が食事の一部として大切。間食は「補食」という位置づけで考えると良いでしょう。一般的に幼児期の間食の目安量は、1日に必要なエネルギー量（1300kcal前後）の10〜15％と考えられています。おおよそのエネルギーの配分は、朝食350kcal＋昼食400kcal＋間食150kcal＋夕食400kcal＝1300kcalです。
では、大人の場合はどうでしょう。3食を必要な量を食べることができる大人で、体力をあまり使わない人の場合、間食は必要ありません。例えば100kcalを消費するためには、1kmのジョギング、または30〜40分のウォーキングが必要で、エネルギーとして使われなければ、体脂肪として蓄積されてしまいます。

間食に食べるものとして、菓子類は砂糖と油を使用したものが多く、とり過ぎは健康に悪影響となります。また、砂糖と油はおいしいという刺激として脳に麻薬のような快感を与え、常習的にとりたいと感じさせてしまいます。ですから、日常的に菓子類を食べるのは控えたいところです。食事と食事の合間に小腹が空いたときは、菓子類に手を伸ばすのではなく、おにぎりを食べましょう。

- [✓] 幼児期は栄養を補うために間食が必要。
- [ ] 3食しっかり食べていれば、間食はいらない。
- [ ] お菓子の砂糖や油はクセになり、やめづらくなる。

第3章　正しく理解しよう！　スポーツ栄養の気になるトピックス

たまにはお酒を飲んでも問題ない？

スポーツを楽しむ大人の皆さんの中には、運動後の乾杯を楽しみにしている人も多いかもしれません。しかしお酒の飲み方によっては、トレーニングの効果が水の泡になってしまうことも。そんな残念なことにならないように、お酒のリスクについて知っておきましょう。

第一に、肝臓の仕事量が増えます。肝臓の仕事は大きく3つ。①代謝機能（三大栄養素の合成と分解）、②排泄機能（胆汁を作り、胆管から十二指腸に排出する）、③解毒機能（アルコール等の解毒と分解）です。運動すると①の仕事量が増え、お酒を飲むと③の仕事量が多くなります。そのため、運動と飲酒は肝臓の負担を増やすことになります。

第二に、利尿作用により水分不足になります。運動中や運動後に十分な水分補給がないと、体は水分不足になります。その状態で飲酒した場合、ますます水分不足が進んでしまいます。すると、血栓ができて、心筋梗塞や脳梗塞を引き起こす可能性が高まることも。ですから、お酒をよく飲む人は、特にこまめに水分をとりましょう。

第三に、睡眠の質を下げます。飲酒後は、睡眠が浅くなりがちです。睡眠の質が下がると、筋肉の疲労回復に関わっている成長ホルモンが十分に分泌されません。そのため、十分なトレーニングの効果を得られないことが考えられます。

第四に、エネルギーの過剰摂取になります。アルコール度数の高いお酒ほど、エネルギー量は多くなります。しかし、アルコール度数が低いものは1回の飲酒量が多くなるため、どれがいいとはなかなかいえません。ですから、ダイエットを考えている方は、おつまみに気をつけましょう。アルコールの処理には肝臓が関わりますが、肝臓は脂肪の分解にも関わっています。つまり、お酒と一緒に油（脂）が多いおつまみを食べると、肝臓の仕事が増え、コレステロールや中性脂肪の増加にもつながります。飲む機会が多い人は、体重を毎日チェックしながら、健康管理してみませんか？

- ☑ **運動＋飲酒は、いつもより肝臓の負担が増える。**
- ☐ **眠りが浅いと、トレーニング効果は減ってしまう。**
- ☐ **ダイエット中の人は、おつまみに気をつける。**

強い子どもにするために
【ジュニア期の食事】

子どもの食が細いときはどうすればいい？

「子どもの食が細くて、体に必要な栄養が足りていないのでは？」と、心配されている親御さんはたくさんいらっしゃいます。大抵はご自身も幼い頃に食が細かった、という人が多いようです。ご自身が子どもの頃を思い出してみてください。「早く食べなさい」「もっとたくさん食べなさい」などといわれて、プレッシャーに感じたことはありませんか？　同じような思いを子どもにさせるのはかわいそうです。

食が細い理由はさまざまですが、①よく嚙んでおり、食事に時間がかかっている、②食わず嫌いが多い、③食事に興味がない、などが挙げられます。

①であれば、小学校の給食が始まる頃までに、決まった時間に何とか食べられるようになっている必要はありますが、時間内に食べきれないようであれば、食事回数を増やすことで、必要な食事量を確保するのも一つです。

②または③であれば、子ども達自身が食に興味を持つことが大切です。「これを食べたら、〇〇に良い」など、食べることのメリットを伝えたり、料理に参加させたりすることで、食に興味を持ってもらえるよう仕向けましょう。

- ☑ 食事で嫌な思いをさせないようにする。
- ☐ 食事回数を増やして必要な栄養をとる。
- ☐ 食べることのメリットを伝える。

親ができることは？

食事面で親がやっておきたいのは、家での食環境を整えてあげることです。例えば、お菓子が目の前にあるのに、「食べちゃダメ！」は辛いものです。

小学生までの年代には、正しい食習慣の刷り込みがとても大切です。また、食べたほうがいい理由や食べないほうがいい理由を伝えたり、料理の手伝いをさせたりするような食育も重要です。

中学生になり、ある程度自分のことはできる年代には、「朝食を食べなさい！」「練習後におにぎりを食べなさい！」というよりも、「やるかやらないかはあなた次第よ」といったスタンスがいいでしょう。自分で朝食を用意したり、おにぎりを握ってトレーニングに行ったりするなど、自発的にできるようにするのが理想です。そのための環境作りとして、冷蔵庫には卵・乳製品（牛乳、ヨーグルト）、納豆。冷凍庫には1食分ずつ小分けにしたごはん、納豆、冷凍バナナ。おにぎり用の食材として梅干し、サケフレーク、のりなどを常備しておきましょう。

そして、いざ試合になったらお母さんの出番。普段のおにぎりは自分で作ったりコンビニで買ったりしていても、試合直前のおにぎりはお母さんが手作りする。それが、親ができる最高の「頑張って！」のサインではないでしょうか。

 小学生までに正しい食習慣を身につけさせる。

 中学生になったら自分のことは自分でさせる。

 ここぞという試合は、手作りおにぎりで応援を。

万全の体調でのぞむために
【試合時の食事】

試合前は何を食べたらいい？

試合のとき、どんな食事がよいかは、競技種目によって異なりますが、共通でいえることもあります。まず、試合前日は食中毒を避けるため、生ものは控えましょう。また、試合前は緊張から胃腸の働きがよくないこともあります。そのため、揚げ物は控えたほうがいいといえます。縁起をかついで「試合に勝つためにカツ丼！」はおすすめしないということです。

ゴルフやテニス、短距離走、野球、剣道、弓道など、「瞬発力」や「集中力」が大切な種目は、油（脂）をとり過ぎなければOK。特に気にするべきことはありません。

一方、サッカーやマラソン、長距離の水泳、自転車、トライアスロンなど、「持久力」が大切な種目は、油（脂）を控え、炭水化物を多くとっておくことが大切です。いつもよりおかずは減ってもいいので、ごはん、パン、麺、芋類を組み合わせてしっかり食べましょう。控えたい食品やすすめられる食品は表の通りです（資料3参照）。

また、試合直前は、試合開始時間の何時間前に食事をとるかによって炭水化物を選びましょう（資料4参照）。試合直前に食べるものは、食べ慣れないものだと体がどう反応するかわかりません。そのため、普段のトレーニング時に、自分にとって「動きやすいか」「おなかが空かないか」「おなかが痛くならないか」を探っておくと安心です。

 試合前日の
生ものは控える。

 カツ丼は消化しにくいので
試合前日はNG。

 試合開始時間から
逆算して炭水化物をとる。

第3章　正しく理解しよう！　スポーツ栄養の気になるトピックス

資料3

	試合前・試合と試合の間は控えたい食品	試合前・試合と試合の間にすすめられる食品
ごはん	カツ丼、海鮮丼、カレーライス	親子丼、タコライス、おにぎり、納豆巻き、磯辺もち
パン	クロワッサン、ドーナッツ、バターを塗った食パン	フランスパン、ロールパン、食パン、ジャムやはちみつを塗った食パン、あんパン、シリアル
麺	クリームソース系のパスタ、天ぷらが入った麺料理	力うどん
肉	ベーコン、チキンナゲット、△ハンバーグ、△ひき肉料理（脂質が多ければ×）	チキンソテー、ハム
魚	揚げた魚、生魚（刺し身）	焼き魚
乳製品	ピザ、グラタンなどチーズが多い料理	牛乳、ヨーグルト
果物	アボカド	バナナ、フルーツゼリー、オレンジジュース
その他	ハッシュドポテト、フライドポテト	こふき芋
	クリームが入ったデザート	大福、みたらし団子
	マヨネーズ、オイル入りドレッシング	ノンオイルドレッシング

資料4

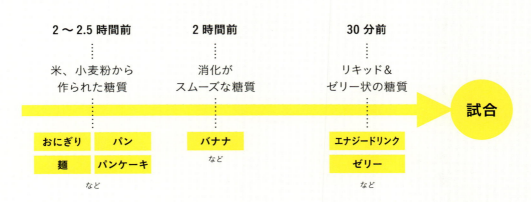

うまく便利につきあいたい
【外食＆コンビニの利用法】

外食でのメニューの選び方は？

仕事の会食や残業のため、家で食事をとれないこともあります。そんなときに気をつけるべきポイントをご紹介しましょう。

まず、会食でレストランや居酒屋などへ行った場合は、揚げ物や脂っこい料理は控えめにし、野菜料理を多くとりましょう。マヨネーズはカロリーアップにつながるので、添えてある場合はつけずに食べて。口寂しくなったときに頼むなら、漬物がおすすめです。お酒を飲むときは水分不足にならないよう、チェイサー用の水を頼みましょう。締めのラーメンは行ってはダメです。会食で食事量が増えることがわかっているときは、当日の昼と次の日の食事量をコントロールしましょう。

また、残業で帰宅が遅くなる場合は、会社でコンビニのおにぎりを食べ、家に帰ってから揚げ物ではないおかずと、オイルを控えた野菜料理を食べましょう。このように、ごはんを先に食べ、おかずなどを後から食べることで、栄養のバランスを保つことができ、寝る前の食事量も少なくすることができます。

- ☑ 油（脂）の多い料理は控え、野菜を多めに食べる。
- ☐ お酒を飲むときは、水も一緒にとる。
- ☐ 残業時は会社でおにぎり、家でおかずと野菜を食べる。

コンビニのごはんはどう選べばいい？

コンビニでごはんを買うときは、「今、買おうとしているのは、食事なのか、間食なのか」ということを考えてみましょう。

食事であれば、「ごはん＋おかず＋野菜＋乳製品」をそろえるのがポイント。中学生であれば、おにぎり2～3個が1食分のごはん量の目安です。おにぎりは高くつくと感じるのであれば、おにぎりは家から持っていき、それ以外のものはコンビニで買うのも一つです。また、気になる総菜パンがあるなら、それは買って、おにぎり2個は家から持っていく方法もあります。

どんぶりものを選ぶなら、十分な量の「おかず＋野菜」があるのかを確認し、足りない分をプラス。野菜が不足していれば、サラダなどを買いましょう。

間食であれば、おなかが空いていたら、やはり一番のおすすめは「おにぎり」です。筋肉量を増やしたいのであれば、炭水化物＋たんぱく質がキーワードになります。いわゆる菓子類を食べたいときは、「〇〇kcalまで」など、自分でルールを作って食べ過ぎないようにしましょう。

パッケージにある栄養表示などをチェックすると、いろいろなことが見えてきます。水分補給のつもりで買ったドリンクに大量の砂糖が入っていたり、食事のために購入した菓子パンに、多くの油（脂質）や砂糖が使われていたりします。ですから、特に小中学生の「コンビニ初心者」には、お金を渡すだけではなく、何を食べたかを確認し、スポーツする人にふさわしい選び方を伝えていくことが大切です。

- [x] コンビニでも「ごはん＋おかず＋野菜＋乳製品」はそろう。
- [ ] お菓子は「〇〇kcalまで」など、ルールを作る。
- [ ] スポーツする人にふさわしい選び方を身につける。

材料別さくいん

ごはん
- 梅干しおにぎり　P20
- コーン枝豆おにぎり　P22
- チーズおかかおにぎり　P22
- 梅じゃこおにぎり　P23
- いなりずし　P23
- 豚ねぎ丼の温玉のせ　P52
- ごまアジ丼　P74
- チキンと大豆のクリームリゾット　P75
- 牛ひき肉と大豆のドライカレー　P95

パン
- ほうれん草とハムのチーズホットサンド　P69
- サーモンキャベツサンド　P76

麺
- サケと納豆の和風スパゲティ　P54
- 牛しゃぶと焼き豆腐のスタミナうどん　P62
- 鶏ひき肉のあえ麺　P77

もち
- 納豆もち　P68

肉
- ＜牛肉＞
  - 牛しゃぶと焼き豆腐のスタミナうどん　P62
  - 牛肉とかぼちゃの焼きサラダ　P64
  - 牛肉とほうれん草のチーズソテー　P92
  - ブロッコリーの牛ひき肉いため　P94
  - 牛ひき肉と大豆のドライカレー　P95
- ＜鶏肉＞
  - サラダチキンと枝豆のサラダ　P55
  - チーズタッカルビ　P72
  - チキンと大豆のクリームリゾット　P75
  - 鶏ひき肉のあえ麺　P77
- ＜豚肉＞
  - 豚ねぎ丼の温玉のせ　P52
  - 豆腐と豚肉のごまポン酢だれ　P56
  - 豚肉とじゃが芋の重ね煮　P78
- ＜ラム肉＞
  - ラムのスパイシー焼き　P65
- ＜ハム＞
  - ほうれん草とハムのチーズホットサンド　P69
- ＜ベーコン＞
  - 小松菜とベーコンの中華風ミルク煮　P86
  - 野菜スープの素　P103

魚介
- ＜アサリ＞
  - アサリと小松菜の卵とじ　P97
- ＜アジ＞
  - アジとほうれん草の納豆あえ　P57
  - ごまアジ丼　P74
- ＜イワシ＞
  - イワシと豆腐、里芋の梅煮　P66
- ＜カツオ＞
  - カツオのたたき パセリレモンソース　P96
- ＜桜エビ＞
  - 切り干し大根と桜エビのいためサラダ　P87
- ＜サケ＞
  - サケと納豆の和風スパゲティ　P54
  - サーモンキャベツサンド　P76
  - サケとかぼちゃのホイル焼き　P79
  - ひじきとオクラのサケフレークあえ　P101
- ＜サバ缶詰＞
  - サバの海藻蒸し　P89
- ＜シシャモ＞
  - シシャモのスティック春巻き　P85
- ＜シラス干し＞
  - シラス納豆のきつね焼き　P88
- ＜ちりめんじゃこ＞
  - 梅じゃこおにぎり　P23
  - ひじきと小松菜のじゃこいため　P82
  - じゃこカプレーゼ　P84
- ＜ツナ＞
  - にんじんとツナの蒸し煮　P102
  - ブロッコリーとツナの納豆あえ　P98
- ＜マグロ＞
  - マグロのキムチ納豆　P67

卵
- 豚ねぎ丼の温玉のせ　P52
- ごまアジ丼　P74
- 鶏ひき肉のあえ麺　P77
- サケとかぼちゃのホイル焼き　P79
- シラス納豆のきつね焼き　P88
- アサリと小松菜の卵とじ　P97

大豆・大豆製品
- ＜油揚げ＞
  - いなりずし　P23
  - シラス納豆のきつね焼き　P88
- ＜きなこ＞
  - バナナきなクラッシー　P59
- ＜大豆＞
  - チキンと大豆のクリームリゾット　P75
  - 牛ひき肉と大豆のドライカレー　P95
- ＜豆腐＞
  - 豆腐と豚肉のごまポン酢だれ　P56
  - 牛しゃぶと焼き豆腐のスタミナうどん　P62
  - イワシと豆腐、里芋の梅煮　P66
- ＜納豆＞
  - サケと納豆の和風スパゲティ　P54
  - アジとほうれん草の納豆あえ　P57
  - マグロのキムチ納豆　P67
  - 納豆もち　P68
  - シラス納豆のきつね焼き　P88
  - ブロッコリーとツナの納豆あえ　P98

野菜
- ＜青じそ＞
  - シシャモのスティック春巻き　P85
- ＜枝豆＞
  - コーン枝豆おにぎり　P22
  - サラダチキンと枝豆のサラダ　P55
  - 枝豆のポタージュ　P58
- ＜エリンギ＞
  - 野菜スープの素　P103
- ＜オクラ＞
  - ひじきとオクラのサケフレークあえ　P101
- ＜カット野菜＞
  - サラダチキンと枝豆のサラダ　P55
- ＜かぼちゃ＞
  - 牛肉とかぼちゃの焼きサラダ　P64
  - サケとかぼちゃのホイル焼き　P79
  - マッシュかぼちゃ　P101
- ＜キャベツ＞
  - サーモンキャベツサンド　P76
  - 野菜スープの素　P103
- ＜切り干し大根＞
  - 切り干し大根と桜エビのいためサラダ　P87
- ＜小ねぎ＞
  - 豚ねぎ丼の温玉のせ　P52
  - 納豆もち　P68
- ＜小松菜＞
  - ひじきと小松菜のじゃこいため　P82
  - 小松菜とベーコンの中華風ミルク煮　P86
  - アサリと小松菜の卵とじ　P97
- ＜さつま芋＞
  - さつま芋とプルーンのオレンジ煮　P99
- ＜里芋＞
  - イワシと豆腐、里芋の梅煮　P66
- ＜じゃが芋＞
  - 豚肉とじゃが芋の重ね煮　P78
- ＜セロリ＞
  - 簡単ピクルス　P102
  - 野菜スープの素　P103
- ＜大根＞
  - 簡単ピクルス　P102
- ＜玉ねぎ＞
  - 豚肉とじゃが芋の重ね煮　P78
  - 野菜スープの素　P103
- ＜とうもろこし＞
  - コーン枝豆おにぎり　P22
- ＜トマト＞
  - 鶏ひき肉のあえ麺　P77
  - じゃこカプレーゼ　P84
  - 牛ひき肉と大豆のドライカレー　P95
  - 野菜スープの素　P103
- ＜にら＞
  - 切り干し大根と桜エビのいためサラダ　P87
- ＜にんじん＞
  - 簡単ピクルス　P102
  - 野菜スープの素　P103
- ＜ねぎ＞
  - 牛しゃぶと焼き豆腐のスタミナうどん　P62
- ＜白菜キムチ＞
  - マグロのキムチ納豆　P67
  - チーズタッカルビ　P72
- ＜パセリ＞
  - カツオのたたき パセリレモンソース　P96
- ＜パプリカ＞
  - パプリカとピーマンのおかかいため　P100
- ＜ピーマン＞
  - パプリカとピーマンのおかかいため　P100
- ＜ブロッコリー＞
  - ブロッコリーの牛ひき肉いため　P94
  - ブロッコリーとツナの納豆あえ　P98
- ＜ほうれん草＞
  - アジとほうれん草の納豆あえ　P57
  - ほうれん草とハムのチーズホットサンド　P69
  - 牛肉とほうれん草のチーズソテー　P92
- ＜水菜＞
  - サバの海藻蒸し　P89

海藻類
- ＜海藻ミックス＞
  - サバの海藻蒸し　P89
- ＜ひじき＞
  - ひじきと小松菜のじゃこいため　P82
  - ひじきとオクラのサケフレークあえ　P101
- ＜焼きのり＞
  - 梅干しおにぎり　P20
  - チーズおかかおにぎり　P22
  - サケと納豆の和風スパゲティ　P54

乳製品
- ＜牛乳＞
  - 枝豆のポタージュ　P58
  - バナナきなクラッシー　P59
  - チキンと大豆のクリームリゾット　P75
  - 豚肉とじゃが芋の重ね煮　P78
  - 小松菜とベーコンの中華風ミルク煮　P86
- ＜チーズ＞
  - チーズおかかおにぎり　P22
  - ほうれん草とハムのチーズホットサンド　P69
  - チーズタッカルビ　P72
  - チキンと大豆のクリームリゾット　P75
  - サケとかぼちゃのホイル焼き　P79
  - じゃこカプレーゼ　P84
  - 牛肉とほうれん草のチーズソテー　P92
- ＜ヨーグルト＞
  - バナナきなクラッシー　P59

果物類
- ＜梅干し＞
  - 梅干しおにぎり　P20
  - 梅じゃこおにぎり　P23
  - イワシと豆腐、里芋の梅煮　P66
- ＜バナナ＞
  - バナナきなクラッシー　P59
- ＜プルーン＞
  - さつま芋とプルーンのオレンジ煮　P99

おわりに

あるトップアスリートが、こんなことを話してくれました。
「食事がちゃんとしている選手は、怪我をしにくいし、怪我をしても治りが早いと感じる」
あるプロチームのフィジカルコーチが、こんなことを教えてくれました。
「日本代表を経験している選手でロッカーが汚い人はいない」
そして、管理栄養士である私の感じていることは「日本代表を経験している選手で、朝食を食べていない選手はいない」

身の回りを整理整頓し、朝食をしっかり食べたからと言って、日本代表になることができるわけではありませんが、アスリートであろうとなかろうと、体調を自己管理することは大切だと感じます。ジュニア期であれば、周りの大人のサポートがもちろん必要ですが、将来的には状況に合わせて、柔軟に対応できるようになることがとても大切です。

トップアスリートの中には、朝食前に軽いジョギングをしたり、トレーニング前後にストレッチ等の体のケアを30分以上行ったり、入浴方法を工夫したりする人もいます。試合で最高のパフォーマンスを発揮できるよう、トレーニングの日もオフの日も体調管理を常に気にしているのです。
これから食事面を意識しようと思っている人は、まず朝食は食べておきたいところ。そして、食事量を増やす工夫として、補食に「おにぎり」から始めてみてはいかがでしょうか？
トレーニングはそのままで、食事を変えるだけでコンディションがよくなるとしたら、やらないと損ですよね。
スポーツするみなさんにとって、この本が食事を見直すきっかけとなり、強いカラダ作りのお役に立てれば幸いです。

管理栄養士

河谷彰子

監修者プロフィール
河谷彰子（かわたに あきこ）
管理栄養士。慶應義塾大学非常勤講師。日本女子大学家政学部食物学科管理栄養士専攻卒業。筑波大学大学院体育研究科コーチ学専攻修了。現在はフリーの管理栄養士として、サッカー、ラグビー、自転車競技等のジュニア世代からプロアスリートをサポートしている。（公財）日本ラグビーフットボール協会セブンズアカデミー栄養アドバイザー。書籍『小・中学生のための 勝てる！ 強くなる！ スポーツ選手の栄養満点ごはん』（日東書院本社）監修。

料理家プロフィール
みないきぬこ
料理家、女子栄養大学非常勤講師。女子栄養大学卒業後、料理家のアシスタントを務めたのちに独立。作りやすく、おしゃれなエッセンスも加わった家庭料理が人気。『かんたん、なのに満足！ スープでごはん』（池田書店）、『かんたん仕込みで帰ったらすぐごはん』（枻出版社）など著書多数。

監修・解説・栄養価計算	河谷彰子
レシピ考案・調理	みないきぬこ
撮影	邑口京一郎
	相木 博、田中宏幸、堀口隆志、松園多聞
スタイリング	しのざきたかこ
イラスト	八重樫王明
アートディレクション	米持洋介（case）
デザイン	米持洋介、門馬賢史（case）
企画・編集・執筆	川端浩湖
校正	くすのき舎
器協力	UTUWA

疲れを残さず、強いカラダを作る！
スポーツする人のためのリカバリーごはん
2019年3月10日　初版第1刷発行

監　修	河谷彰子
レシピ	みないきぬこ
発行者	香川明夫
発行所	女子栄養大学出版部
	〒170-8481 東京都豊島区駒込 3-24-3
	電話　03-3918-5411（営業）
	03-3918-5301（編集）
	ホームページ　http://www.eiyo21.com
振　替	00160-3-84647
印刷・製本	中央精版印刷株式会社

＊乱丁本・落丁本はお取り替えいたします。
＊本書の内容の無断転載・複写を禁じます。また本書を代行業者等の第三者に依頼して電子複製を行うことは一切認められておりません。

ISBN978-4-7895-5134-2
© Akiko Kawatani, Kinuko Minai, 2019. Printed in Japan